松尾真里子 著

Introduction

もともと、自然の中で過ごしたり、料理を作ったりすることが好きでした。キャンプを始めてから、「自然の中で、料理を作る」ことはとてもワクワクし、自分らしくいられることだと気づきました。自然の中、火を囲み、おいしい料理を食べながら、仲間と語りあったり、笑いあったり。

そんな自然の中で食べる料理・ソトごはんは、コミュニケーションの中心にあります。自宅では用いていないお気に入りのキッチンスタイル、テーブルスタイルなども、キャンプシーンで作ってみたり。正解がないので、工夫しながら自分のスタイルを作っていくという工程も楽しみます。

今回は、自分らしい盛り付けやスタイリングで〈見た目〉もおいしく感じるように、そして、現地ではなるべく〈手間をかけず〉ということをモットーにした、実践しているソトごはんのアイデアをご紹介します。

キャンプやバーベキューのときに、ソトごはんのバリエーションが少し増えたり、自分らしいソトごはんスタイルを楽しむヒントになればと思います。

松尾真里子

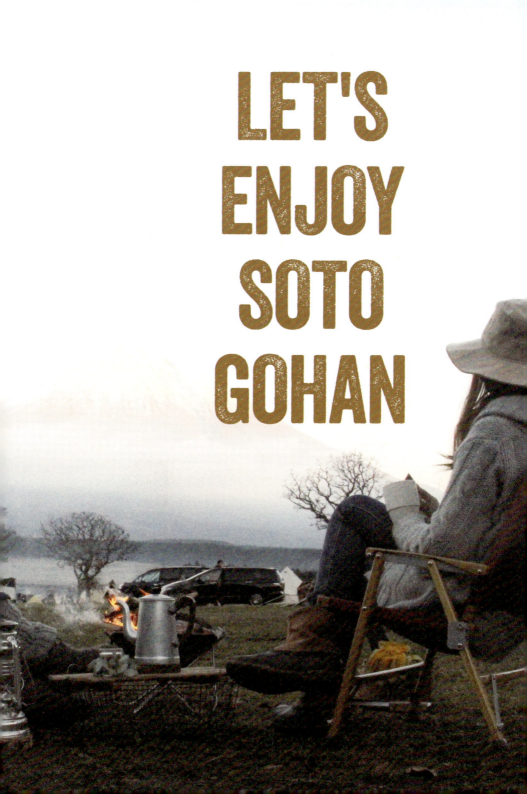

CONTENS

Introduction

- 06 ソトごはんの魅力 "朝のキブン"
- 08 ソトごはんの魅力 "昼のキブン"
- 10 ソトごはんの魅力 "夜のキブン"
- 12 ソトごはんメニューの基本的な考え方
- 14 おしゃれに過ごすための調理器具と食器
- 18 ソトごはんで使えるレトルト・市販アイテム

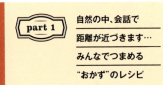

part 1 自然の中、会話で距離が近づきます… みんなでつまめる "おかず"のレシピ

- 22 ミートローフ
- 22 スイカのフルーツポンチ
- 26 生春巻き
- 26 カイワレ生ハム巻き
- 26 豚しゃぶ野菜巻き
- 26 マッシュポテトとトマトソースの2層仕立て
- 30 フランスパンのキッシュ
- 30 生ハムの前菜
- 30 パンケーキ ヨーグルトがけ
- 34 バーニャカウダ
- 34 鶏肉の香草焼き
- 38 ブロッコリーとエビのアヒージョ
- 38 バターコーン
- 39 薪ストーブでピザ
- 40 ほうれん草とハムのキッシュ
- 42 玉ねぎとひき肉のドリア
- 43 ミネストローネ
- 44 春雨キムチサラダ
- 45 タンドリーチキン
- 46 ビーフシチュー
- 47 豚もやしのごま味噌炒め
- 48 エビのガーリックバター炒め
- 49 トマトとベーコンのドリア
- 50 ゆで鶏と彩りサラダのごまポン酢がけ
- 51 ラタトゥイユ
- 52 鶏団子と水菜の塩ちゃんこ
- 53 チャプチェ
- 54 コブサラダ
- 55 ローストビーフのサラダ
- 56 ポテトサラダのクリスマスツリー
- 57 あったか水餃子と温野菜のサラダ
- 58 ニラたっぷりの赤から鍋
- 59 豚こましょうが焼きサラダ
- 60 生ハムと水菜サラダ
- 60 サーモンのカルパッチョ
- 61 粕汁
- 61 生ハムとアボカドとモッツァレラチーズ

MY CAMPING STYLE

- 62 キャンプといえば手軽にこれ いろんなバーベキュースタイル
    - ▶ タークのフライパンでスペアリブ／猪肉
- 64 今度のキャンプは持ち寄りパーティーをしよう
    - ▶ 肉だんごスープ

知っていると
意外と使える
お腹にうれしい
"ごはん"のレシピ

- 70 豚汁
- 70 味噌田楽
- 74 海鮮丼
- 76 目玉焼きのせ ガパオライス
- 78 ローストビーフ丼
- 80 手巻き寿司
- 81 お鍋のだしを使った雑炊
- 82 ビビンバ
- 83 シラスとアボカド丼
- 84 肉ごはん
- 85 ライスコロッケ
- 86 エビフライのせカレー
- 86 焼きそば
- 87 桜エビとネギのしょうがごはん
- 87 うなぎごはん

朝ごはんや
ランチに
手軽でおしゃれな
"パン"レシピ

- 90 たまごとごぼうとポテトサラダのマフィン
- 90 アボカドとエビのサラダ
- 90 ジャーマンポテト
- 94 フルーツサンド
- 94 トマトとモッツァレラチーズのサラダ
- 98 野菜たくさん わんぱくサンド
- 100 フレンチトースト
- 102 キャベツとベーコンの ボリュームサンド
- 104 チーズとハムのクロワッサンサンド
- 105 ツナと卵のホットサンド

MY CAMPING STYLE

- 106 使える主食・パンスタイル
  ▶ シナモンロール
- 107 好きなものを挟んでみる
  ▶ フランスパンのサンド
- 107 おかずに添えて、
  パンにつけて食べてみる
  ▶ つけパン

キャンプでも
甘いものは外せない
事前の準備で華やかに
"スイーツ"レシピ

- 110 いちごのシフォンケーキ
- 112 ロールケーキ
- 114 クルクルパンケーキ
- 115 バナナのシフォンサンド
- 116 チーズケーキ
- 117 抹茶の焼き菓子
- 118 抹茶とホワイトチョコのパウンドケーキ
- 119 抹茶プリン
- 119 サングリア

How to Camp

- 120 "おしゃれで手際よい"
  キャンプをするために
- 126 主な素材別さくいん

SOTO
GOHAN
MORNING
STYLE

ソトごはんの魅力
"朝のキブン"

ソトごはんでは、朝の時間をとても大切にしています。いつもより早起きして、あったかい焚き火の前でコーヒーを手に、静かに朝日が昇るのを見ます。

山を見つめ、空を見あげ、今日1日の始まりを。朝日を見た後は、朝ごはんを、ゆっくり作ります。

朝ごはんは、ゆっくり作る

日常生活では、朝は最もバタバタする時間であることが多いですが、泊まりのソト遊びの場合は、朝は静かでゆったりとした時間が流れます。この時に、朝ごはんをゆっくり作る、そんな時間を大切にしています。朝のメニューは、マフィンなどに好きなものをのせて自由に食べてみたり、ワンプレートでアメリカンブレックファーストスタイルにしたり。臨機応変に前日の夕食の残りで雑炊を作ったり、意外に簡単にできる和食もいい。フルーツは必ず添えて、パワーをチャージします。

SOTO GOHAN LUNCH STYLE

ソトごはんの魅力
"昼のキブン"

せっかくソトに出てきたので、自然と触れ合う時間を作りたい。周囲を散歩して、ゆっくりのんびり過ごすのもいいし、自然を思う存分楽しむアクティビティもいい。そんな昼の時間を大切にしたい。

だから、昼のソトごはんは、なるべく後片づけが少なく、作る時間がかからないメニューをセレクトして自然を楽しみます。

昼ごはんは、手間なく時短で作る

泊まりなのか、デイキャンプでランチがメインなのかなど、その時の滞在プランによって多少の違いもありますが、昼ごはんは、最も効率を重視します。

昼のメニューは、ごはんに好きなものをのせていただく豪快な丼ものや、いろいろな食材をたくさん挟んで食べるサンドイッチ、パンケーキなどデコレーションで見た目も楽しく、華やかで元気になるものを。後片づけ楽ちんメニューで、昼間の時間を大切にします。

SOTO
GOHAN
DINNER
STYLE

ソトごはんの魅力
"夜のキブン"

星空の下、火を囲んで、大切な団らんの時間。他には何もないから、仲間や家族との会話が弾みます。その中心に夜ごはんがあります。

あくまでも手際よく、盛り付けのインスピレーションを大切に。ワクワクするソトごはんをめざして、楽しみながら作ります。

夜ごはんは、雰囲気も重視

夜ごはんは、ヴィンテージのオイルランプを置くなど、テーブルスタイリングや雰囲気にもこだわりを。品数も多くなり手際も大切なので、一部のメニューは事前に家で仕込んでおくと、現地で時間の余裕が生まれます。その場で盛り付けを工夫するなどして、楽しく準備をします。

夜のメニューは、少しずつ取り分けできるおかずや、少し冷え込む日もあるので、あったかい料理をメインにするのもおすすめです。持ち寄り料理のときは、仲間が喜ぶ顔をイメージしてみて。火を囲んで楽しむ飲み物とおつまみも考えて、長い夜を楽しみます。

SOTO GOHAN BASIC RULES

ソトごはんメニューの基本

ソトごはんのメニューを考えるときの、基本的なポイントをご紹介します。

BASIC RULES 01　季節・地域・気温・天気、イベントをチェック

何月にどこに行くか。まずは季節と地域が重要です。同じ地域でも標高によって気温が全く変わるので、朝晩の気温も確認します。夏はさっぱりしたメニュー、冬は体があったまるメニューを増やします。また、七夕、十五夜、クリスマスなど、季節ごとのイベントや、誕生日などのお祝いもチェックして。

BASIC RULES 02　市販のものやレトルトも、賢く使う

料理にこだわるあまりに、全部イチから作るというのはソトごはんではおすすめしません。自然の中で過ごす時間も楽しみの1つなので、臨機応変に市販のものやレトルトを活用して、賢く楽しみます。

的な考え方

BASIC RULES 03　見栄えがする、普段とは違うワクワクするメニューを

ソトごはんは、単にお腹を満たすだけのものや、家で食べるときと全く同じものではつまりません。作ることも楽しんで、見た目もわくわくできるものを。普段はあまり作らない見栄えのよいメニューや、普段はしていない盛り付けにチャレンジできるものを、あえて考えてみるのがおすすめです。写真映えもよくなるので仲間とシェアして盛り上がることができます。

BASIC RULES 04　現地で手間がかからないようとにかく事前準備が大切

食材を切ったり、たれにつけたり、ある程度家で作っておいて現地で薪ストーブであたためるだけ、というメニューもあります。前日に家でできるだけ仕込みます。何を作るか書き出して買い物に。各メニューをどこまで仕込むかをイメージして準備すると、現地での時間短縮につながります。

紹介レシピの見方
- in 🏠 ……できれば前日夜までに自宅で作っておく
- out ⛺ ……当日、ソトで作る

SOTO GOHAN BASIC RULES

おしゃれに過ごすための調

〈自分なりのおしゃれ〉と〈手際のよさ〉を考えて、キッチンまわりを作っていきます。そのコツと、持っておきたい具体的なグッズを紹介します。

---

method

おしゃれに見えるためには

どうしてもおしゃれに見えない
3大NGアイテム！

▶ 白の紙皿と紙コップ
▶ ペットボトル
▶ ビニール

キャンプグッズ・キッチンツールの色を合わせる

茶色の紙コップや、雑貨屋さんで購入したシックなトーンのゴミ箱など、現地で使用するアイテムの色のトーンを揃えます。どうしてもNGアイテムを利用する場合には、カバーをかける、ボックスに入れるなど、徹底的に隠すようにします。木目を大切にして、ブラウン、ベージュの色に統一して揃えるようにしています。

理器具と食器 *Kitchen Tools*

調味料 / 作業場 / バーナー / テーブル / ゴミ箱

---

method

手際よく するためには

どうしても
手際が悪くなる
NGキッチンまわり

▶ バーナーと作業場、テーブルの位置が遠い
▶ ゴミ箱の位置が作業場から遠い

キッチンまわりの動線をコンパクトにする

バーナーの位置と、食材を切ったり盛り付けたりする作業場を近くします。また、お皿に盛り付けた物を置くテーブルも近くに置いておきます。振り返るとテーブルにお皿が置けるくらいの歩く必要がない配置が理想です。キッチンまわりに作業場が広くとれないことが多いので、その場合は作業用として別のテーブルなどを用意しておくと便利です。

SOTO GOHAN BASIC RULES

おすすめの調理器具と食器たち

Kitchen Tools

ソトごはんを楽しむために持っておいたほうがいい調理器具や食器について。
実際に使っているものでご紹介します。

▷ **2バーナー**

多くのメーカーから出ている2バーナーは、料理の効率を上げてくれるので持っていると便利です。火力がある程度あるものをチョイスして。

▷ **1バーナー**

コンパクトでそのままテーブルに置いてもOK。火力が落ちにくく連続使用にも強い。ガスボンベにはカバーを。
[SOTO レギュレーターストーブ]

▷ **1バーナー**

1台あると便利。風防を押さえた構造で扱いやすさも抜群です。
[イワタニ カセットフー マーベラスⅡ]

▷ **薪ストーブ**

薪ストーブは暖もとれて、料理もできちゃうので、寒い季節には必須です。
[新保製作所]

▷ 焚き火台

本当は直火で焚き火をしたいところですが、直火を禁止しているキャンプ場では焚き火台を使います。

▷ ケトル

薪ストーブの上でいつもあったかいお湯をスタンバイできるケトルは、お気に入りの表情のものを。[ファイヤーサイド]

▷ 包丁とまないた

まないたの後ろに包丁を収納できる優れもの。持ち運びにも便利です。
[スノーピーク マナイタセット]

▷ 鋳物ホーロー鍋

煮込み料理などにはやはり便利。そのままテーブルに出してもOKです。
[ストウブ]

▷ バスケット

食器を入れるバスケット。お気に入りのものを探してみるといいと思います。

SOTO GOHAN BASIC RULES

ソトごはんで使えるレトル

料理の時間も短縮できて、手間もはぶける、おいしい市販アイテムはうまく使って。よく使うアイテムを紹介します。

▷ レトルトのごはん

お米からごはんを炊く手間と時間をはぶけるお助けアイテム。おにぎりや雑炊なども簡単に。[サトウ食品 サトウのごはん]

▷ だし・スープの素

便利な顆粒だしは持っていくのを忘れがちなアイテムでもあります。[味の素 ほんだし®][味の素 丸鶏がらスープ]

▷ ハーブーソルト

岩塩とハーブがブレンドされた調味料。お肉などにパパッとかけるだけでも美味。[クレイジーソルト]

▷ グリーンサラダ／カット野菜

レタスやキャベツの千切りなどいろいろな野菜が入っているものが1袋あると便利。サンドイッチに使ったり、おかずの下に敷いたり、いろいろ使えます。

ト・市販アイテム

▷ **生クリーム　チューブ**

コーヒーやスイーツに手軽に生クリームを添えたいときに便利です。[明治 デザートホイップ]

▷ **アヒージョのソース**

ソースやたれの素を上手く使うと、調味料の持ち運びを減らすこともできます。[ハウス食品 スパイスクッキングバルメニュー アヒージョ]

▷ **カレールー**

市販のカレールーは何種類か混ぜてみてもおいしいです。[ハウス食品 こくまろカレー][ハウス食品 バーモントカレー]

▷ **塩ちゃんこ鍋のスープ**

鶏肉や野菜と一緒に入れて、あっという間に本格お鍋に。簡単にあったかメニューが。[モランボン 塩ちゃんこ鍋用スープ]

part 1

EAT WITH EVERYONE

自然の中、会話で

距離が近づきます…

みんなでつまめる

"おかず"のレシピ

EAT WITH EVERYONE
1

みんなでワイワイ
朝から気分が上がる華やかごはん

見た目が華やかな盛り付けは、
1日の始まりのワクワク感をより一層高めます。
事前に家で少し仕込んでおいて、当日の盛り付けでパッと目をひくような
華やかなレシピは覚えておくと便利。

menu.1

手間がかかりそうに見えて
現地では手間をかけない華やかメニュー

menu.1 ミートローフ

menu.2 スイカのフルーツポンチ

EAT WITH EVERYONE
1

{ 手間がかかりそうに見えて
現地では手間をかけない華やかメニュー
menu.1　ミートローフ
menu.2　スイカのフルーツポンチ }

menu.1　ミートローフ

材料（2〜3人分）

- 牛豚ひき肉 ………… 450g
- 卵 …………………… 5個
- パン粉 ……………… 40g
- 牛乳 ………………… 90ml
- にんじん ………… 小1本
- バター ……………… 15g
- 玉ねぎ …………… 小1個
- ミックスベジタブル
  ……………………… 50g
- 塩こしょう ………… 少々

作り方

in 🏠

1. ゆで卵を4個作る。15分ほど茹でて、すぐ冷水にかけ殻をむいておく。
2. 卵1個と牛乳を混ぜ、パン粉を浸しておく。
3. にんじんはすりおろして軽く水分をきる。玉ねぎはみじん切りにし、ミックスベジタブルと一緒にバターで炒め塩こしょうする。バットに移し替え冷ます。
4. ボウルに **2**・**3** と合挽き肉を入れ、塩こしょうをし混ぜる。
5. パウンド型にクッキングシートを敷き、**4** を半分入れ、ゆで卵を横にして入れる。上からさらに **4** をかぶせる。200度に熱したオーブンで35分焼く。

out ⛺

6. 現地で、ダッチオーブンに入れ、火にかけあたためる。

POINT ゆで卵をセンターに並べるのがポイント。切り口がきれいになります。

EAT WITH EVERYONE
1

menu.2 スイカのフルーツポンチ

材料（2〜3人分）
缶詰みかん………… 適量
缶詰パイナップル‥適量
缶詰アロエ………… 適量
ミニスイカ…………… 1個
サイダー…………… 1/2本

作り方

1. ミニスイカは半分に切り中身をスプーンでくり抜き、表面を包丁でジグザグに切っていく。

2. お好みで果物を入れサイダーを入れる。味をみながら缶詰の汁も少々入れる。

POINT ミニスイカをそのまま器として使うと、テーブルが一気に華やかに。フルーツ缶を使うと便利。

華やかメニューで気分を上げた後は、気持ちよく日中を過ごしたい

EAT WITH EVERYONE
1

暑い季節には、つまみと一緒にお酒を飲みながら語らおう

簡単につまめて、口あたりさっぱりのおつまみは、
夜な夜な仲間と語らう時には大切なアイテム。
キャンプの情報交換やお互いの近況報告など、大切な時間のお供です。

menu.3

EAT WITH EVERYONE
1

> お酒のつまみになりそうな
> 暑い時季にもさっぱり食べられる逸品たち
>
> **menu.3**　生春巻き
> **menu.4**　カイワレ生ハム巻き
> **menu.5**　豚しゃぶ野菜巻き
> **menu.6**　マッシュポテトとトマトソースの2層仕立て

EAT WITH EVERYONE
1

{ お酒のつまみになりそうな
暑い時季にもさっぱり食べられる逸品たち
menu.3 生春巻き
menu.4 カイワレ生ハム巻き
menu.5 豚しゃぶ野菜巻き
menu.6 マッシュポテトとトマトソースの2層仕立て }

menu.3 生春巻き

材料（2〜3人分）

エビ …………………… 10尾
ニラ …………………… 数本
しその葉 ……………… 10枚
にんじん ……………… 1本
きゅうり ……………… 1本
サニーレタス ………… 5枚
レモン ………………… 適量
プチトマト …………… 適量
照り焼きチキン
（市販のもの）………… 300g
ライスペーパー ……… 10枚
チリソース …………… 適量

作り方

 ↓ 1. エビは茹でて縦半分に切る。にんじんときゅうりはスティック状に切る。

 ↓ 2. ライスペーパーを水にくぐらせ、1とその他の具材を入れて巻く。サニーレタスは半分に切る。サニーレタスを入れると、ボリュームが出て巻きやすい。お好みの量のチリソースをつけて食べる。レモンとプチトマトをお好みで添える。

POINT エビが見えるように巻くとおいしそうで、おしゃれに見えます。

menu.4 カイワレ生ハム巻き

材料（2〜3人分）

カイワレ ……… 1パック
生ハム ………… 14枚

作り方

out ↓ 1. カイワレを生ハムで巻く。

POINT 少しカイワレをはみ出させて巻きます。

menu.5 豚しゃぶ野菜巻き

材料（2〜3人分）
- しゃぶしゃぶ用豚肉 …… 200〜300g
- にんじん …… 1/2本
- カイワレ …… 1パック
- きゅうり …… 1本
- ごまだれ(市販のもの) …… 適量

作り方

in 🏠
1. にんじんときゅうりは、スティック状に切る。
2. 豚肉はさっと湯を通し冷水にくぐらす。

out ⛺
3. 各野菜を豚肉で巻き、ごまだれをつけて食べる。

menu.6 マッシュポテトとトマトソースの2層仕立て

材料（2〜3人分）
- じゃがいも …… 5個
- 牛乳 …… 50ml
- 塩こしょう …… 少々
- マヨネーズ …… 適量
- 油 …… 適量
- 牛豚ひき肉 …… 100g
- トマト缶詰(市販のガーリック入りのものを使用) …… 1缶
- 鶏ガラスープの素 …… 大さじ1
- ミントの葉 …… 適量

作り方

in 🏠
1. じゃがいもは角切りにし、茹でる。やわらかくなったらザルにとり、ボウルに入れ替え冷めないうちにつぶす。
2. 塩こしょう、マヨネーズ、牛乳を入れ滑らかになるまで混ぜる。
3. フライパンに油をひき、牛豚ひき肉を炒め、鶏ガラスープの素、トマト缶詰を入れて混ぜ合わせる。保存容器に入れ、冷蔵庫で冷やしておく。

out ⛺
4. 器の下に **2** を入れ、上に **3** をのせ2層にする。ミントの葉をのせる。

EAT WITH EVERYONE
1

静かな時間を感じながら
朝の光でパワーチャージして

朝の目覚めはコーヒーとともに朝日を見ながら。
チーズの塩気と、パンケーキの甘さが
両方いただける朝ごはんは、食欲がアップします。
1日の元気をチャージして。

menu.9

menu.8

EAT WITH EVERYONE
1

コーヒーの香りと一緒に楽しみたい
朝に食欲そそるメニューたち

menu.7 フランスパンのキッシュ

menu.8 生ハムの前菜

menu.9 パンケーキ ヨーグルトがけ

menu.7

EAT WITH EVERYONE 1

{ コーヒーの香りと一緒に楽しみたい
朝に食欲そそるメニューたち }

menu.7　フランスパンのキッシュ
menu.8　生ハムの前菜
menu.9　パンケーキ ヨーグルトがけ

menu.7　フランスパンのキッシュ

材料（2〜3人分）

- フランスパン ……… 1本
- 玉ねぎ ……………… 1/4個
- ベーコン …………… 35g
- エリンギ …………… 1パック
- ブロッコリー ……… 4房
- プチトマト ………… 2個
- 生クリーム ………… 50ml
- 溶き卵 ……………… 20ml
- ピザ用チーズ ……… 適量
- 塩こしょう ………… 少々
- オリーブオイル …… 少々

作り方

in

1. 玉ねぎはスライスし、ベーコンは薄切り、エリンギは細切りに。
2. フライパンにオリーブオイルを入れ、**1**を炒め塩こしょうする。ボウルにうつし、溶き卵と生クリームを入れ具材をさっと混ぜ合わせる。
3. フランスパンは半分より少し上を切り落とし、中身をくり抜く。中に**2**を入れチーズをかける。1/4に切ったプチトマトと湯がいたブロッコリーを交互におく。

out

4. 薪ストーブに入れてあたため、チーズに焼き色がついたら出来上がり。薪ストーブがわりにバーナーであぶってもOK。

POINT フランスパンをくり抜くとき、下までいき過ぎないよう慎重にくり抜きましょう。

EAT WITH EVERYONE
1

menu.8 生ハムの前菜

材料（2〜3人分）
生ハム ………… 100g
ブロッコリーの芽
……………………… 20g
チーズ ……………… 適量
粗挽きこしょう ……少量

作り方
1. ブロッコリーの芽は根を切り、チーズは細く切る。
2. 生ハムを広げ、**1**の具材を置き巻いていく。
3. 仕上げに粗挽きこしょうをふりかける。

POINT 具が片側から少し見えるように巻きます。

menu.9 パンケーキ ヨーグルトがけ

材料（2〜3人分）
ホットケーキミックス
…………………… 200g
卵 …………………… 2個
プレーンヨーグルト 80g
バター ……………… 少々
プレーンヨーグルト
（トッピング用）……… 適量
お好みのフルーツ
（バナナやいちごなど）
……………………… 適量

作り方
1. ボウルにヨーグルトと卵を入れて混ぜる。ホットケーキミックスを加え混ぜる。
2. 熱したフライパンにバターを入れ **1** を入れる。両面に焼き色をつける。
3. お皿にホットケーキを4枚つみ重ねヨーグルトを上からかけ、フルーツをのせる。

POINT はちみつをかけるのも GOOD。

EAT WITH EVERYONE
1

森のレストランに来たみたいな
上品ディナーにしてみる

森のレストランで野菜をたっぷり食べたい気分。
仲間と食べるから、とりわけはしやすいようにしたい。
その時の気分と状況に合ったコンセプトを考えてみる。
移動式カフェならではの楽しさです。

menu.10

EAT WITH EVERYONE
1

とりわけもしやすい
たっぷり温野菜とお肉でキマリ

menu.10 バーニャカウダ

menu.11 鶏肉の香草焼き

EAT WITH EVERYONE
1

{ とりわけもしやすい
たっぷり温野菜とお肉でキマリ
menu.10　バーニャカウダ
menu.11　鶏肉の香草焼き }

menu.10 バーニャカウダ

材料（2〜3人分）
オクラ……………… 5本
ヤングコーン………… 6本
アスパラガス………… 2本
きゅうり……………… 1/2本
パプリカ（黄・オレンジ）
……………………… 各1個
バーニャカウダソース
（市販のもの）………… 適量

作り方

1. アスパラガスはハカマをとり半分に切る。きゅうりとパプリカはスティック状に切る。
2. 野菜はそれぞれさっと茹で、お皿に盛る。バーニャカウダソースを添える。

POINT 野菜がたっぷりとれるヘルシーメニュー。

他のテントのライトも幻想的。そんな景色も見ながら

EAT WITH EVERYONE
1

menu.10　menu.11

menu.11 鶏肉の香草焼き

材料（2〜3人分）
卵 ………………… 1個
アスパラガス ……… 3本
鶏もも肉ブロック … 1枚
香草ペッパー（市販のもの）
………………… 適量
オリーブオイル …… 適量
ローズマリー ……… 適量

作り方

1. 卵を15分ほど茹で、さっと水にくぐらせ皮をむく。輪切りにする。

2. 香草ペッパーで鶏肉に下味をつけ、フライパンにオリーブオイルを入れて焼く。アスパラガスはハカマをとりさっと茹で、ゆで卵とローズマリーを添える。

POINT オリーブオイルを多めに入れて、焦げないようにしましょう。

お気に入りのテントで、薪割りも楽しみながら食事の準備を

EAT WITH EVERYONE
1

menu.12 ブロッコリーとエビのアヒージョ

材料（2〜3人分）

ブロッコリー ……… 1/2個
エビ ………………… 8尾
マッシュルーム
（またはエリンギ）……… 5個
オリーブオイル ……20ml
塩こしょう ………… 少々
きざみニンニク …… 少々
※アヒージョの素を使ってもOKです。

作り方

1. ブロッコリーは一口サイズくらいに切る。エビは殻をむいて背ワタをとる。マッシュルームは半分に切る。

2. スキレットにオリーブオイルを入れニンニクを炒め、具材を入れ塩こしょうし、煮立たせる。

menu.13 バターコーン

材料（2〜3人分）

コーン缶詰 ………… 1缶
切れているバター
………………… 1 1/2個
塩こしょう ………… 少々

作り方

1. ミニサイズのスキレットにバター1/2個を溶かし、コーンを入れ塩こしょうして炒める。上にバター1個をのせる。

Prawn, Broccoli, Corn, Butter

menu.12

EAT WITH EVERYONE
1

menu.14 薪ストーブでピザ

材料（2〜3人分）

- A 強力粉 ……………… 250g
-    砂糖 ………………… 10g
-    塩 ……………… 小さじ1/2
-    ドライイースト
-    ………………… 小さじ1

- 水 ……………………… 160ml
- オリーブオイル
  ………………… 大さじ1/2
- 玉ねぎ ………………… 1/4個
- ピーマン ……………… 1個
- ベーコン ……………… 70g
- ピザソース ………… 適量
- ピザ用チーズ ……… 適量

作り方

1. ボウルに A を入れ、水を少しずつ加えながら混ぜる。
2. 打ち粉をふった台に 1 をのせオリーブオイルを加えながら生地をたたきつける作業を約 200 回程度行う。
3. さらにのばし、こねる作業を約 100 回程度。生地が薄い膜のようにのびたら OK。
4. 生地を丸めてボウルに入れ一次発酵する。30 度くらいの場所で毛布などにくるむのもよい。3 倍くらいに膨らむ。
5. 生地を丸い形にのばす。ピザソースを全体に塗り、薄切りにした玉ねぎ、輪切りにしたピーマン、1 センチ幅に切ったベーコン、チーズをのせる。スキレットにのせ、薪ストーブに入れ膨らんだら出す。

Onion, Bacon, Green pepper, Cheese

menu.15

Ham, Spinach, Egg

見た目が華やかなキッシュは、献立の主役級メニューに。好きな大きさに切って食べることができます

EAT WITH EVERYONE
1

menu.15 ほうれん草とハムのキッシュ

材料（2〜3人分）

〈タルト生地〉
※市販の生地でも可
薄力粉 ………… 200g
無塩バター ……… 100g
卵 ………………… 1個
塩 ………………… 少々

〈フィリングA（卵液）〉
卵 ………………… 3個
牛乳 …………… 1カップ
生クリーム
  …………… 1/2カップ
グリュイエール
チーズ ………… 80g
（ピザ用チーズでも可）
塩こしょう ……… 少々
ナツメグ ………… 少々

〈フィリングB〉
にんじん ………… 1本
コンソメスープ
  …………… 1/2カップ
砂糖 ………… 大さじ1
バター ……… 大さじ1
ハム、スモークサーモン、ベーコン …各50g
玉ねぎ ………… 1/2個
ほうれん草 …… 1/2束
バター ……… 大さじ1
塩こしょう ……… 少々

作り方

1. ボウルに無塩バターとふるった薄力粉を入れ、フライ返しであずき大になるまで細かく切っていく。
2. **1** に塩を加えた卵を混ぜて、さっと1つにまとめラップでくるみ、冷蔵庫で30分以上ねかせる。
3. **2** を打ち粉をしながら麺棒で3ミリの厚さにのばして巻き取り、薄くバターを塗ったタルト型に敷き詰める。
4. 生地が膨らまないようにフォークで全体に穴をあけ、180度に熱したオーブンで15分下焼きをする。
5. にんじんは薄い輪切りでコンソメスープで下煮し、ひたひたの水に砂糖とバターを入れグラッセにする。
6. 別の鍋で、ベーコン、ハム、一口大に切った玉ねぎ、ほうれん草をバターで炒め、塩こしょうする。
7. 卵、牛乳、生クリーム、チーズの半量、塩こしょう、ナツメグを泡立て器で混ぜて、卵液を作る。
8. **4** に、**5**、**6**、**7** を順に入れる。
9. チーズの残りの半量とスモークサーモンをのせ、200度に熱したオーブンで25分焼く。

10. 焚き火台にのせ上蓋にも炭を置き様子を見ながらダッチオーブンであたためる。

POINT 市販の生地を使ってもOK。自宅で焼いて、現地であたたかく仕上げます。冷めてもおいしいです。

EAT WITH EVERYONE
1

menu.16 玉ねぎとひき肉のドリア

材料（2～3人分）
- 牛豚ひき肉　200g
- 玉ねぎ　1/2個
- にんじん　1/2本
- ホワイトソース　1缶
- 牛乳　50ml
- ケチャップ　50ml
- ウスターソース　40ml
- とけるチーズ　100g
- 鶏ガラスープの素　少々
- バター　20g
- 塩こしょう　少々
- ごはん　適量

作り方

in 🏠

1. 玉ねぎとにんじんはみじん切りに。フライパンにバターを入れ合挽き肉と玉ねぎを炒める。にんじんを入れさらに炒める。
2. 鶏ガラスープの素、塩こしょうをし、ケチャップとウスターソースを絡め、炒める。ごはんを入れ、さらに混ぜる。

out ⛺

3. 2をスキレットに入れ、ホワイトソースと牛乳を混ぜ合わせ加熱したものを上にのせる。さらにチーズをのせる。スキレットを加熱し上からバーナーでチーズの焼き色をつける。

POINT 自宅で具材をソースで絡めるところまでしておくと、現地で手早く仕上がります。

Cheese, Onion, Carrot

menu.16

menu.17 ミネストローネ

材料（2〜3人分）

- ニンニク............ 3、4かけ
- セロリ.................... 1本
- ウインナー.............. 5本
- ベーコン.................. 4枚
- にんじん............... 中1本
- 玉ねぎ.................. 1/2個
- じゃがいも............ 中2個
- キャベツ................ 1/4個
- 缶詰トマト........... 300cc
- コンソメキューブ..... 3個
- 塩こしょう............... 少々
- オリーブオイル...... 適量
- パルメザンチーズ... 少々
- パセリ...................... 少々
- クレソン.................. 適量
- 水............... 750〜800ml

作り方

1. 玉ねぎとニンニク、セロリはみじん切り。ウインナーは縦半分に切る。その他の具材は全て1センチ角の角切りにする。

2. 鍋にオリーブオイルを入れニンニクを炒める。先に玉ねぎを入れて炒め、その他の野菜や具材を炒める。
3. しんなりしてきたら、水と角切りにした缶詰のトマトとコンソメキューブを入れ煮込み、塩こしょうする。
4. 仕上げにパルメザンチーズをふりかけパセリをちらしクレソンをのせる。

> **POINT** セロリが一層おいしさを引き立てます。

Cabbage, Tomato, Onion

menu.18 春雨キムチサラダ

材料（2〜3人分）

- きゅうり……………1本
- スライスハム………12枚
- キムチ………………適量
- 卵……………………2個
- 春雨…………………1袋
- 塩……………………少々
- ブロッコリーの芽…適量

A
- だしの素……………4g
- 砂糖…………大さじ1/2
- しょうゆ……大さじ1
- ごま油………大さじ1
- 酢……………大さじ2/3
- すりごま
  ………………大さじ1 1/2

作り方

in

1. きゅうり、ハムは細切りにする。キムチは適当な大きさにきざむ。キムチの汁はとっておく。卵は塩を入れ、細かく炒めて炒り卵にする。

out

2. 春雨はお湯でもどしておく。
3. お皿に春雨を盛り、ハム、きゅうり、キムチ、キムチの汁、卵の順にのせ、最後にAを混ぜ合わせ、まんべんなくかける。根を切ったブロッコリーの芽をのせる。

POINT キムチの汁も混ぜ合わせるとおいしさがアップします。

Ham, Cucumber, Egg

menu.18

menu.19 タンドリーチキン

材料（2〜3人分）

- 鶏もも肉 300g
- タンドリーチキンの素（市販のもの） 1袋
- フリルレタス 適量
- グリーンサラダ（市販のもの） 適量
- プチトマト 適量
- ゆで卵 1個

作り方

1. 前日から市販のタンドリーチキンの素で鶏もも肉に下味をつけておく。
2. 当日フライパンでじっくり焼く。
3. お皿にフリルレタス、グリーンサラダを敷き、プチトマトやお好みでゆで卵などをバランスよく盛り付ける。

POINT 肉は前日に袋に入れてタンドリーチキンの素につけ込んでおくと、しっかり味がしみ込みます。

Chicken, Tomato, Lettuce

EAT WITH EVERYONE
1

menu.20 ビーフシチュー

材料(2〜3人分)

- 玉ねぎ……………… 1個
- じゃがいも………… 3個
- にんじん…………… 1本
- 牛肉………………… 400g
- 油…………………… 適量
- ビーフシチューのルー
  ……………………… 1箱
- 生クリーム………… 適量
- フランスパン……… 適量

作り方

in 🏠

1. 玉ねぎは食べやすい形に切る。じゃがいもは皮をむいて角切り、にんじんも角切りにする。

out ⛺

2. 油をひき玉ねぎ、肉、にんじん、じゃがいもを鍋で炒め、水を入れ具材がやわらかくなるまで煮込む。
3. ビーフシチューのルーを入れてさらに弱火で煮込む。
4. お皿に入れ、仕上げに生クリームを少しかける。フランスパンを切って添える。

POINT 生クリームを追加すると、さらにおいしさがアップします。コーヒーフレッシュでもOK。

Beef, Potato, Onion, Carrot

menu.21 豚もやしのごま味噌炒め

材料（2〜3人分）

豚ロース薄切り 200g
トマト 2個
もやし 1袋
油 .... 適量
細ネギ .... 適量

〈ごま味噌だれ〉

白すりごま … 大さじ1
ごま油 … 大さじ1 1/2
味噌 大さじ1
酢 小さじ1
塩こしょう .... 少々

作り方

1. フライパンに油を入れ、豚肉ともやしを入れて炒める。火が通ったら、ごま味噌だれをかけ、さっと絡めとり出す。
2. トマトは輪切りにし、お皿にトマトを円を描くように置く。中心に **1** を盛り付ける。
3. 小口切りにしたネギをちらす。

POINT もやしは、しゃきしゃき感を残したいのでさっと炒めましょう。

Pork, Tomato, Bean sprouts

EAT WITH EVERYONE 1

menu.22 エビのガーリックバター炒め

材料（2〜3人分）
- エビ（殻つき）………… 300g
- ズッキーニ …………… 80g
- バター ………………… 20g
- ニンニク（みじん切り）
  ………………………… 小さじ1
- 塩こしょう …………… 適量
- しょうゆ ……… 大さじ1/2
- レモンスライス …… 2枚
- 細ネギ ………………… 適量

作り方

1. エビの殻をむき背ワタをとる。背ワタ部分に半分くらい縦に切れ目をいれる。ズッキーニは輪切りにする。
2. フライパンにバターを入れニンニクを炒める。エビを入れて、焼き色がついたらズッキーニを入れて塩こしょうし、しょうゆをまわし入れる。お皿にうつし小口切りにしたネギとレモンスライスをちらす。

POINT エビの背に少し切れ目をいれると、見た目もきれいで味も中まで瞬時に浸透します。

Prawn, Zucchini, Garlic

menu.23 トマトとベーコンのドリア

材料（2〜3人分）
- 玉ねぎ ……………… 1/2個
- にんじん …………… 1/2本
- ニンニク …………… 1かけ
- ベーコンブロック 100g
- 油 …………………… 適量

A
- ホールトマト缶 …1/2缶
- とんかつソース
  ………………… 大さじ2
- 鶏ガラスープの素
  ………………… 大さじ2

- ごはん …………… 1.5合分
- 塩こしょう ………… 少々
- ホワイトソース …… 1缶
- 牛乳 ………………… 50ml
- とけるチーズ ……… 適量

作り方

in 🏠
1. 玉ねぎとにんじん、ニンニクはみじん切りにする。ベーコンは食べやすい大きさに切る。
2. フライパンに油を入れ、**1**を炒め、塩こしょうする。Aを入れ、少々煮る。
3. ごはんを入れ混ぜ合わせる。

out ⛺
4. **3**をあたため耐熱皿にうつす。鍋にホワイトソースと牛乳を入れ加熱したものを上からかける。1.5センチ幅くらいに切ったチーズをクロスしておき、バーナーで表面をあぶり焼き色をつける。

POINT チーズはカリッと香ばしくなるくらいがおいしいです。バーナーで表面をあぶり焼き色をつけると◎。

Tomato, Bacon, Cheese

EAT WITH EVERYONE
1

menu.24 ゆで鶏と彩りサラダのごまポン酢がけ

材料（2〜3人分）

- 鶏胸肉 ……………… 1枚
- 大根 ………………… 200g
- にんじん …………… 小1本
- きゅうり …………… 1本
- しその葉 …………… 10枚
- 片栗粉 ……………… 適量
- プチトマト ………… 8個

〈ごまポン酢だれ〉
- 白いりごま … 大さじ1
- ポン酢 ……… 大さじ2
- しょうゆ …… 大さじ2
- ごま油 ……… 小さじ2

作り方

in
1. 大根とにんじんはスライサーで細切りにし、きゅうり、しその葉も細切りにする。
2. 鶏胸肉に片栗粉をまぶす。お湯を沸かし鶏胸肉を茹でる。少し煮立たせた後に取り出し、一口サイズに切る。

out
3. お皿に2を盛り、周りに1の野菜とプチトマトも盛り、ごまポン酢だれをかける。

POINT 鶏肉はすぐ火が通るように竹串などでところどころ刺して穴をあけておきましょう。

Chicken, Japanese radish, Charrot

menu.24

menu.25 ラタトゥイユ

材料(2〜3人分)
- 玉ねぎ …………… 1/2個
- なす ……………… 2本
- セロリ …………… 1本
- ズッキーニ ……… 1本
- ニンニク ………… 1かけ

- A トマト ………… 2個
-    酒 …………… 大さじ1
-    水 …………… 大さじ2

- しょうゆ …… 小さじ1/2
- オリーブオイル 大さじ2
- 塩 …………… 小さじ1/2
- こしょう ………… 少々
- 鶏ガラスープの素 ………………… 少々

作り方

in 🏠
1. 玉ねぎ、なす、セロリは1.5センチ角に切る。ズッキーニは輪切りに、トマトは一口サイズに、ニンニクはみじん切りに。

out ⛺
2. フライパンにオリーブオイルとニンニクを入れる。玉ねぎ、セロリを炒める。さらになす、ズッキーニを入れて約3分炒める。塩、こしょう、鶏ガラスープの素を入れ混ぜ合わせる。

3. Aを加え、ふたをし中火で6〜7分煮る。ふたを取り強火で約3分、汁けが少なくなるまで煮る。しょうゆを加え混ぜる。

POINT フランスパンにつけて食べるとおいしいです。

Onion, Zucchini, Tomato

EAT WITH EVERYONE
1

menu.26 鶏団子と水菜の塩ちゃんこ

材料（3〜4人分）

- 鶏ももひき肉 ……… 300g
- 水菜 …………………… 1袋
- えのき ………………… 1袋
- エリンギ …………… 適量
- しめじ ……………… 1パック
- 細ネギ ……………… 適量
- うずらの卵 ………… 10個
- 塩ちゃんこだし
  （市販のもの）………… 750g

A
- しょうが（すりおろし）
  …………………… 小さじ1
- しょうゆ …… 小さじ2

作り方

in

1. 水菜は3センチ幅に切り、えのき、しめじは石づきを落としほぐす。エリンギは縦半分に切り、細ネギはみじん切りにする。うずらの卵は茹でて殻をむいておく。

out

2. ボウルにひき肉とみじん切りにした細ネギと、Aを入れよく練り混ぜる。
3. 鍋に塩ちゃんこだしを入れて火にかける。2をスプーンで一口大くらいの大きさをとり、鍋に入れる。
4. 1の残りの野菜とうずらの卵を入れる。

POINT しめはソーメンか雑炊があいます。汁がなくなりやすいため、だしは2袋用意するのがベスト。

Chicken, Green onion, Shimeji

menu.26

EAT WITH EVERYONE 1

menu.27 チャプチェ

材料（2〜3人分）

- 牛肉 ……………… 300g
- 玉ねぎ …………… 1/4個
- にんじん ………… 1/2本
- レタス …………… 2枚
- プチトマト（赤・オレンジ）
  ………………………… 適量
- パセリ …………… 適量
- チャプチェの素（春雨入りの市販のもの）………… 1袋
- 水 …………………150ml
- 油 ………………… 適量

作り方

in 🏠

1. 玉ねぎはスライスし、にんじんはたんざく切りにする。

out ⛺

2. フライパンに油を入れ、玉ねぎとにんじん、牛肉を炒める。火が通ったら、水とチャプチェの素と一緒に入っている春雨を入れて、手早く混ぜ合わせる。

3. 器にレタスを敷き、その上に **2** を盛り付ける。プチトマト、パセリを添える。

POINT 春雨は水分をふくんでしまうので煮立たせないように。

Beef, Onion, Carrot

menu.27

EAT WITH EVERYONE
1

menu.28 コブサラダ

材料(2〜3人分)
プチトマト ……………… 6個
プチトマト(赤・オレンジ)
 ……………………… 3個
うずらの卵 ……………… 8個
ブロッコリー …………… 1/4個
生ハム …………………… 6枚
アボカド ………………… 1/2個
ヤングコーン …………… 4本
オリーブ ………………… 適量
コブサラダドレッシング
 (市販のもの) ………… 適量

作り方

in 🏠
1. ブロッコリーはさっと茹でて一口サイズに切り、うずらの卵は8分くらい茹でて殻をむく。ヤングコーンは斜め半分に切り、オリーブは輪切りにする。

out ⛺
2. 生ハムはクルクル巻いておく。アボカドは包丁を横半分に入れ手で左右に回して種をとり、皮をむいて一口サイズに切る。
3. 一列に彩りよく並べ市販のコブサラダドレッシングをかける。

POINT ブロッコリーとうずらの卵は前日に茹でておくと、当日は切って盛るだけで簡単にできあがり。

Avocado, Quail's Egg, Tomato

menu.28

menu.29 ローストビーフのサラダ

材料（2〜3人分）
ローストビーフ（たれつきのもの）……………… 適量
ブロッコリー …… 1/4個
プチトマト（オレンジと赤）
……………………… 各3個
ブロッコリーの芽
……………………… 適量

作り方

1. ブロッコリーはさっと茹でて一口サイズに切っておく。

2. ローストビーフ、ブロッコリー、プチトマトを盛り付けて仕上げにローストビーフのたれをかけ、ブロッコリーの芽をちらす。

POINT ローストビーフは普通に置くより、クルクル巻くか半分に折ると見栄えがよいかも。

Roast beef, Broccoli, Tomato

EAT WITH EVERYONE
1

menu.30 ポテトサラダのクリスマスツリー

材料 (2〜3人分)

- ブロッコリー ………… 1個
- ミニトマト …… 1パック
- じゃがいも ………… 5個

A
- マヨネーズ …… 適量
- バター …………… 少々
- 塩こしょう …… 少々
- 牛乳 ………… 大さじ2

- 粉チーズ ………… 適量
- にんじん(輪切り)…… 1個

作り方

in

1. じゃがいもは皮をむき角切りにし、鍋に入れやわらかくなるまで茹でる。
2. ザルにあげ水をきりマッシュポテトにする。Aを入れ混ぜ合わせる。

out

3. お皿に **2** をツリーのように三角に盛る。湯がいたブロッコリーと、トマトをバランスよくさし、仕上げに粉チーズをふりかける。少し茹で星形にしたにんじんを上にのせる。

POINT 粉チーズは雪がつもったようにふりかけると雰囲気が出ます。

Potato, Tomato, Broccoli

menu.30

EAT WITH EVERYONE
1

menu.31 あったか水餃子と温野菜のサラダ

材料（2～3人分）
水餃子(市販のもの)… 1袋
ブロッコリー …… 1/2個
パプリカ(赤) …… 1/4個
オクラ ………… 2本
ゆずポン酢(市販のもの)
………………… 適量

作り方

in 🏠
1. ブロッコリーは小分けに切り、さっと茹でる。パプリカとオクラもさっと茹で、パプリカは縦にスライスし、オクラも縦半分に切る。

out 🏠
2. 水餃子をお湯であたため出来上がったら、お皿に **1** とともに盛り、ゆずポン酢をふりかける。

POINT できるだけあつあつで食べてもらいましょう。

Boiled gyoza, Broccoli, Paprika

EAT WITH EVERYONE
1

menu.32 ニラたっぷりの赤から鍋

材料（3〜4人分）

赤から鍋の素（市販のもの）
………………………… 1袋
ニラ ………………… 1袋
白ネギ ……………… 1本
もやし ……………… 1袋
木綿豆腐 …………… 1/2丁
しめじ …………… 1パック
エリンギ ………… 1パック
豚肉 ……………… 300g
キャベツ ………… 1/2個
玉ねぎ …………… 1/2個
こんにゃく ……… 1枚
ウインナー ……… 適量

※野菜などはお好みで分量を調整してください

作り方

in🏠 1. ニラは5センチほどに、白ネギは1センチ幅の斜め切り、豆腐は一口サイズに切り、エリンギは半分にして薄切りに、キャベツは3センチ角に切る。玉ねぎは輪切りに、こんにゃくは5ミリ幅くらいに切る。ウインナーは斜め半分に切る。

out⛺ 2. 鍋に具材を入れ、上にニラをのせる。赤から鍋の素を入れて煮立てる。

> **POINT** 辛さが人気の赤から鍋。シメはラーメンが多いですが、溶き卵を入れて雑炊も合います。

Pork, Tofu, Shimeji

EAT WITH EVERYONE
1

menu.33 豚こましょうが焼きサラダ

材料（2〜3人分）
- プチトマト ………… 4個
- 玉ねぎ …………… 1/4個
- 豚こま肉 ………… 350g
- ベビーリーフ ……… 1袋
- ブロッコリーの芽
  ………………… 1/2パック
- 油 ………………… 適量
- マヨネーズ ………… 適量

A しょうゆ
　……………… 大さじ2
　みりん ……… 大さじ1
　しょうがすりおろし
　……………… 大さじ1

作り方

in 🏠
1. プチトマトは半分に切る。玉ねぎはスライスする。
2. 前日に豚こま肉と玉ねぎは袋に入れ、Aにつけておく。

out ⛺
3. フライパンに油をひき、2 を炒める。豚肉がカリカリになるまで炒める。
4. お皿にベビーリーフを敷き、3 を盛る。ブロッコリーの芽は根を切り上からのせる。プチトマトも盛る。マヨネーズをクロスにかける。

POINT マヨネーズは細口のチューブのものを使用します。

Pork, Onion, Tomato

EAT WITH EVERYONE 1

menu.34 生ハムと水菜サラダ

材料（2〜3人分）
生ハム……………7枚
水菜………………適量
パプリカ（黄）
………………1個
ブラックペッパー
………………少々
オリーブオイル
………………適量

作り方
1. 水菜は生ハムより少し長く切る。パプリカはさっと茹で細切りにする。
2. 生ハムを広げてパプリカと水菜を置き巻く。
3. お皿に並べてブラックペッパーをふりかけ、オリーブオイルでいただく。

POINT お酒のつまみにもなって、簡単に作れる1品です。

menu.35 サーモンのカルパッチョ

材料（2〜3人分）
刺身用サーモン
………………150〜200g
玉ねぎ……………1/2個
ベビーリーフ……1袋
ブロッコリーの芽
………………適量
塩…………………少々
ブラックペッパー
………………少々
オリーブオイル　少々

作り方
1. 玉ねぎはスライスして水につけておく。
2. ベビーリーフ、玉ねぎ、サーモンの順に皿に盛り、ブロッコリーの芽をちらす。
3. 塩、ブラックペッパーをし、オリーブオイルをお好みでかける。

POINT サーモンを真ん中に花びらみたいにおくと、見栄えがよくなります。

EAT WITH EVERYONE 1

menu.36 粕汁

材料（2〜3人分）
- にんじん……………1本
- 大根……………1/2本
- 厚揚げ……………1パック
- 白ネギ……………1本
- こんにゃく……………1袋
- しめじ……………1房
- エリンギ……………1パック
- 水……………1500ml程度
- だし（顆粒）……………8g
- 酒粕……………適量
- 味噌……おたま1杯分
- しょうゆ……………少々
- 細ネギ……………5本

作り方

1. にんじんと大根は棒状の薄切りに、厚揚げは一口サイズ、白ネギは小口切りに、こんにゃくは一口サイズに。しめじはへたをとり、エリンギは半分に切り縦に薄切りにする。

2. 大鍋に水とだしを入れ、沸騰してきたら**1**を全て入れる。
3. 具がやわらかくなったら酒粕と味噌を入れ、しょうゆを少々入れる。
4. みじん切りにしたネギを入れる。

POINT 酒粕は溶けやすいものを選ぶとよいです。

menu.37 生ハムとアボカドとモッツァレラチーズ

材料（2〜3人分）
- 生ハム……………7枚
- モッツァレラチーズ……………適量
- プチトマト（黄・赤）……………各3個
- アボカド……………1/2個
- ブラックペッパー……………少々
- ハーブ類……………適量
- オリーブオイル……適量

作り方

1. アボカドは皮をむき輪切りにし、さらに一口大に切る。
2. お皿に生ハムとモッツァレラチーズ、プチトマト、アボカドをのせる。
3. お好みでブラックペッパーとオリーブオイルをかけ、ハーブをのせる。

POINT 簡単、盛るだけで華やかになるメニューです。

MY CAMPING STYLE
Barbecue

キャンプといえば手軽にこれ
いろんなバーベキュースタイル

キャンプのごはんといえば、バーベキューが代表的です。
バーベキューをするときのポイントをご紹介します。

豪快に焼いてみる

いつものお肉を単に焼くだけでなく、豪快に塊のお肉を買うなど、普段とは違う食材にもチャレンジしてみると出来上がりも楽しみです。塊のお肉を焼くときは、数カ所に切りこみを入れておくと中にも火が通りやすいので忘れずに。

タークのフライパンでスペアリブ／猪肉

材料（2〜3人分）
- スペアリブ …………… 5本
- （もしくは猪肉 200ｇ 2枚）
- オリーブオイル ……… 適量
- 塩こしょう …………… 適量
- ニンニク ……………… 適量
- ※お好みでハーブソルトを使用しても美味

作り方

1. 焚き火の火を使いタークのフライパンを熱し、オリーブオイルでスペアリブ、または猪肉を豪快に炒める。塩こしょうをし、スライスしたニンニクも入れる。

POINT 油を多めにして、強火で豪快に焼きます。

少しずつ多くの種類の食材を用意する

焼いて食べるというシンプルな料理だからこそ、種類が少ないと飽きてしまいます。少量ずついろんな種類の食材があると◎。買ってきたパックのままでテーブルに置くのは気分もダウンします。お気に入りのお皿に盛ってみて。

焼く場所を考えてみる

食事をするテーブルと肉などを焼く場所が離れていると、焼く人が団らんに加わりにくいことがあります。バーベキューをするときは焼き場とテーブルをなるべく近くにします。コンパクトなバーベキューコンロ（ユニフレーム）をテーブルに置けば、焼きながら他の食事も楽しむことができます。

MY CAMPING STYLE
Party

今度のキャンプは持ち寄りパーティーをしよう

仲間と集まっての夕ごはんは、
持ち寄りパーティーをするのがおすすめです。
基本のメニューの考え方とあわせて、
持ち寄りのときのコツを紹介します。

肉だんごスープ

材料（2〜3人分）

鶏ひき肉 ……………… 300g
絹ごし豆腐 ………… 1/3丁
レンコン ……………… 70g
にんじん …………… 1/2本
しめじ ……………… 1パック
片栗粉 ……………… 大さじ2
春雨 ………………… 適量
塩こしょう ………… 少々
鶏ガラスープの素
 …………………… 大さじ3
しょうが ………… 大さじ1/2
卵黄 ………………… 1個分
きざみネギ ………… 2本分
しょうゆ …………… 小さじ2

作り方

1. 絹ごし豆腐は重しをして水切りし、鶏ひき肉と混ぜ合わせる。レンコンはみじん切りにし少し湯がく。しめじはほぐし、にんじんは細切りにしておく。
2. **1**の鶏肉にネギとレンコンを入れ、しょうゆ、卵黄、塩こしょう、しょうがをさらに混ぜ合わせる。
3. 大きめの鍋に1500mlの水を入れ、沸騰したら**2**を一口サイズのボール状にして鍋に入れる。しめじとにんじんも入れ、塩こしょうをし、鶏ガラスープの素を入れ最後に春雨を入れる。とろみをつけるため水で溶いた片栗粉を入れる。

POINT 春雨は水分を吸収するので、食べる直前に。

肉だんごスープ
marimari 作

バーニャカウダ
yurin1020さん作

ガーリックシュリンプ
yurin1020さん作

おかずを少しずつ持ち寄ったらカンパイ。持ち寄った料理のエピソードを聞くだけで盛り上がります。

MY CAMPING STYLE
Party

[今度のキャンプは持ち寄りパーティーをしよう]

持ち寄るメニューの1品は事前に情報交換を

1人2、3品持ち寄るときには、メインで作るもの1品は事前にみんなに伝えて。お互いに情報交換をすると、カブりがなくメニュー決めがスムーズになります。たとえば…「私はキッシュを作っていく予定だよ」「私は餃子を作る予定だよ」…など、1品は事前に伝えましょう。
メイン以外の料理は、お酒のおつまみになるおかずもおすすめです。

とにかく自信をもって出せる、見た目が華やかな得意料理を

気心の知れた仲間でも、自分の料理への反応は気になります。引け目を感じないように自信のある料理を出しましょう。また、彩りを意識した盛り付けにしたり、お気に入りの器をセレクトしてみるなど、見た目を工夫してみると、テーブルが華やかになって、持ち寄りパーティーのテンションも上がります。

取り分けやすいおかずに

持ち寄りパーティーに限らずですが、取り分けしづらいおかずは、ソトごはんには不向きです。たとえば、一口サイズにあらかじめ切っておくなど、取り分けやすいようにしておきましょう。少し冷めてもおいしく食べられるものや、生春巻きなど簡単にとりやすい形のものなどもおすすめです。

お酒に合うおつまみ系、お腹満足ごはん系など、役割を考えてみる

仲間の顔を思い出して、メニューの役割を考えてみることも大切です。お酒を飲むメンバーが多い、子どもも参加する、女性が多い、男性が多いなどとイメージすると、メニューの選択が変わるかもしれません。

季節に合わせた演出もしてみる

たとえば、クリスマス近くであれば、クリスマスツリーを意識したもの、真夏であれば、さっぱりと水や氷をイメージしたものなど、季節を感じさせる盛り付けをしてみると、うわぁーと感心されること間違いなし。写真映えもしますので思い出も膨らみます。

YOUR STOMACH IS FILLED

知っていると

意外と使える

お腹にうれしい

"ごはん"のレシピ

YOUR STOMACH IS FILLED
2

キャンプはどうしても洋食になりがち 和食で新鮮な気分になる

お肉を中心とした洋食になりがちなのが、
キャンプやソトごはんの宿命です。
でも、お味噌を使った和食が食べたくなることも。
手間なく簡単に用意できる和食レシピを頭の中に入れておくと便利です。

YOUR STOMACH IS FILLED
2

お味噌で気持ちがホッとする
簡単に用意できるごはんに合うおかず

menu.38　豚汁

menu.39　味噌田楽

YOUR STOMACH IS FILLED
2

{ お味噌で気持ちがホッとする
簡単に用意できるごはんに合うおかず

menu.38　豚汁
menu.39　味噌田楽 }

menu.38 豚汁

材料（2〜3人分）

- 豚バラ肉 …………… 100g
- にんじん …………… 中1本
- 大根 ………………… 1/3本
- ごぼう ……………… 2本
- 白ネギ ……………… 1本
- しめじ ……………… 1パック
- こんにゃく ………… 1/2枚
- きざみネギ ………… 3本程度
- 味噌 ……… おたま1/2杯分程度
- だし(顆粒) ………… 少々
- 水 …………………… 750ml

作り方

in 🏠

1. 豚バラ肉は細かく切る。にんじんは扇形の薄切り、大根は薄切りに。ごぼうはささがきにする。白ネギは小口切りに。しめじは石づきを切り房を分け、こんにゃくはスプーンで一口サイズに切る。

out ⛺

2. 鍋に水を入れ沸騰してきたらだしを入れ、豚バラ肉と野菜を入れ煮込む。火を止めて味噌を入れる。

3. 器に入れ、きざみネギをちらし、お好みで七味をかける。

POINT 寒い時季には多めに作ると翌日の朝も食べることができて、体がポカポカになります。

menu.39 味噌田楽

材料（2〜3人分）
こんにゃく …………… 1枚
味噌 ……………… 大さじ2
砂糖 ……………… 大さじ2
みりん …………… 大さじ1
水 ………………… 大さじ1

作り方
1. こんにゃくは5分ほど茹でる。
2. こんにゃくは一口サイズの大きさに切り、一串に4個程度さす。
3. 鍋に、味噌、砂糖、みりん、水を入れて火にかけ混ぜ合わせる。串を通したこんにゃくの上にかける。

日中に散策する時間を多くとりたい時には朝や昼の和食メニューは簡単でオススメです

menu.40 海鮮丼

材料(2〜3人分)
- ごはん ……………… 2合分
- 酢 ………………… 50ml
- 砂糖 ………… 大さじ1/2
- マグロ ……………… 適量
- ホタテ ……………… 適量
- エビ ………………… 2尾
- イカ ………………… 適量
- ウニ ………………… 適量

※海鮮はお好みで調整してください

作り方

1. ごはんが炊けたらボウルにうつし、砂糖を合わせた酢を入れ、うちわで冷ましながら混ぜ合わせ、すし飯を作る。
2. **1** が冷めたら器に山形にごはんを盛り、彩りよく海鮮をのせていく。

POINT 現地で素早くできるレトルトのごはんでもOK。刺身をごはんにのせるだけで簡単。デイキャンプにも。

暑い季節の生モノの取り扱いには気をつけて

Tuna, Scallops, Prawn
Squid, Tuna, Mackerel, Yellowtail

menu.41

Chicken, Onion, Paprika, Egg

ワンプレートで食欲をそそる満足度の高いメニュー。フライパン1つでできちゃいます

menu.41 目玉焼きのせ ガパオライス

材料（2人分）

ごはん……………… 適量
鶏ひき肉…………… 200g
パプリカ…………… 1/2個
玉ねぎ……………… 1/2個
ズッキーニ………… 1/2個
ニンニク…………… 1かけ
赤唐辛子…………… 1本
ごま油……………… 大さじ1
卵…………………… 2個
パセリ……………… 少々

A ナンプラー、みりん、
　酒………………… 各大さじ1
　オイスターソース
　………………… 小さじ2
　しょうゆ……… 小さじ2
　砂糖…………… 小さじ1
　鶏ガラスープ
　………………… 小さじ2
　塩こしょう…… 少々

作り方

1. 玉ねぎ、ズッキーニ、パプリカは5ミリ角ほどに切り、ニンニクはみじん切り、赤唐辛子は小口切りにする。
2. フライパンにごま油を入れて熱し、ニンニクと赤唐辛子を入れて、香りが出てきたら玉ねぎとズッキーニ、パプリカと鶏ひき肉を入れ炒める。
3. Aの調味料を入れて混ぜ合わせ、ごはんを入れた皿に盛り、上に目玉焼きをのせる。パセリをかける。

POINT 具材は余ればレタス巻きにして食べるのもオススメです。

menu.42 ローストビーフ丼

材料（2人分）

ローストビーフ（市販のもの）
……………………… 200g
ごはん ……………… 適量
ローストビーフのたれ
……………………… 適量
卵黄 ………………… 2個
ハーブ類 …………… 適量
コーヒーフレッシュ
……………………… 適量

作り方

1. ごはんを器に山の形に盛り、ローストビーフをのせる。真ん中にくぼみを作り、卵黄を置く。
2. たれをまんべんなくかける。ハーブを上にのせコーヒーフレッシュをかける。

POINT 山の形にごはんを盛ると、ローストビーフがおきやすくなります。

天気のいい日は、ランチは手早く済ませて散歩に出かけよう

Roast beef, Egg

ローストビーフは、ごはんにもサラダにも使えてメニューの幅が広がります

menu.43 手巻き寿司

材料（2〜3人分）

- ごはん ……………… 2合分
- 酢 …………………… 50ml
- 砂糖 ………………… 大さじ1/2
- 手巻きのり ………… 30枚
- マグロ ……………… 適量
- いくら ……………… 適量
- うに ………………… 適量
- 卵 …………………… 2個
- きゅうり …………… 1/2本
- 納豆 ………………… 1パック
- しその葉 …………… 10枚
- カニカマ …………… 適量
- ツナ缶、マヨネーズ
  …………………… 各適量

作り方

in
↓
1. 卵は卵焼きにして細長く切る。きゅうりはスティック状に。カニカマは細かくほぐしておく。マグロは細長く切る。

out
↓
2. ツナ缶は油をきってマヨネーズであえる。
3. ごはんが炊けたら寿司桶に入れ、砂糖を合わせた酢を入れ混ぜ合わせる。うちわで冷ましながら、寿司飯を作る。

POINT みんなでワイワイできるメニューです。3色を意識して見栄えよく。

Tuna, Natto, Cucumber

menu.44 お鍋のだしを使った雑炊

材料(2〜3人分)
- 卵 ……………………… 2個
- きざみのり ………… 適量
- 細ネギ ……………… 適量
- ごはん …………… 1.5合分
- 塩 ……………………… 少々
- お鍋の残りスープ
  ……………………… 適量

作り方
1. 前日のお鍋のだしが沸騰したら、塩、ごはんを入れしばらくグツグツ煮る。
2. 溶き卵を回し入れ、火を止めてしばらく蒸らす。小口切りにしたネギときざみのりを入れる。

POINT 前日の鍋にいただいたエビを入れたので、だしがいい味に。お好みでポン酢で食べてもおいしい。

Egg, Seaweed, Green Onion

menu.45 ビビンバ

材料（2～3人分）
- ごはん ……………… 適量
- ほうれん草 ………… 1束
- にんじん …………… 1/2本
- もやし ……………… 1/2袋
- キムチ ……………… 適量
- 牛肉 ………………… 250g
- 卵黄 ………………… 2個
- ごま油 ……………… 適量
- 焼肉のたれ ………… 30ml
- 片栗粉 ……… 大さじ1/2
- コチュジャン……… 適量

作り方

in 🏠

1. 牛肉は食べやすい大きさに切り、片栗粉をまぶす。にんじんは細切りに、もやしは半分くらいに切る。ほうれん草はさっと湯がいて食べやすい長さに切る。

out ⛺

2. フライパンにごま油をひき、ほうれん草、牛肉、もやし、にんじんをそれぞれ炒め、焼肉のたれをまわし入れる。
3. スキレットをあたため、炊いたごはんを山の形に盛りそれぞれの具材をのせていく。真ん中に卵黄をのせる。お好みでコチュジャンをいれる。

POINT スキレットを使うと、本場のビビンバのように楽しめます。

Beef, Carrot, Egg

menu.46 シラスとアボカド丼

材料（2〜3人分）
- シラス …………………… 90g
- アボカド ………………… 1個
- プチトマト ……………… 6個
- うずらの卵 ……………… 8個
- ポン酢 …………… 大さじ2〜3
- ごま油 …………………… 大さじ1
- ごはん(レトルトのごはん) …………………… 2パック

作り方

in

1. プチトマトはヘタをとり縦半分に、うずらの卵は茹でて縦半分に切る。

out

2. アボカドは、横半分に包丁を入れ左右にねじり種をとり、皮をむいて一口サイズに切る。ごはん（レトルトのごはん）を湯せんし、10分ほどあたためる。
3. 器にごはんを盛り、真ん中にシラス、囲うようにアボカドをのせる。そのまわりに交互に卵とトマトをおく。ポン酢とごま油をかける。

POINT ごま油とポン酢の組み合わせが最強です。時間を短縮したいので、ごはんはレトルトを使います。

Whitebait, Avocado, Tomato

menu.47 肉ごはん

材料（2〜3人分）
- 牛肉こま切れ……… 350g
- 白ネギ………………… 2本
- 米……………………… 3合

- A
  - 砂糖………… 大さじ1
  - しょうゆ…… 大さじ2
  - みりん……… 大さじ1

- B
  - だし（顆粒）………… 8g
  - 水（米を炊く用）…… 適量
  - みりん………… 大さじ3
  - 薄口しょうゆ
    ……………… 大さじ3
  - 酒……………… 大さじ1

作り方
1. 牛肉はAで下味をつけ、フライパンでさっと炒めておく。
2. 米を洗い、Bを入れる。水は手のひらをおき、Bもいれて手の甲の3分の2がつかるくらいを目安にする。
3. お鍋がフツフツとしてきたら弱火にし5〜10分ほど様子をみる。完全に炊き上がる直前に蓋をあけて、牛肉を汁ごと入れ白ネギをみじん切りにしたものも入れ、しばらく蒸す。

POINT ごはんを蒸らすときに、ネギを入れるのがポイントです。

Beef, Green onion

menu.48 ライスコロッケ

材料（2〜3人分）

- ごはん …………… 2合分
- ピザソース ………… 100g
- 牛豚ひき肉 ………… 300g
- 油 …………………… 適量
- 塩こしょう ………… 少々
- とんかつソース … 大さじ1
- チーズ（キューブ状）…… 5個
- 鶏ガラスープの素
  ………………… 大さじ1
- トマトソース ……… 適量
- ベビーリーフ ……… 適量

〈衣〉
- パン粉 …………… 適量
- 卵 ………………… 1個
- 牛乳 ……………… 少々
- 薄力粉 …………… 適量

作り方

1. 合挽き肉は油で炒め塩こしょうし、ごはんをボウルに入れ炒めた肉を入れる。
2. **1** にピザソース、とんかつソース、鶏ガラスープの素を入れ混ぜ合わせる。
3. **2** をゴルフボール大とり、真ん中にチーズを1/2に切ったものを入れ丸める。
4. 薄力粉をつけた後、溶き卵に牛乳を入れたものにつけ、パン粉をつける。
5. 熱した油に **4** を入れ、きつね色になったら取り出す。あたためたトマトソースを敷き、ベビーリーフをのせ、その上にコロッケをのせる。

POINT ごはんを丸めるとき、ラップで丸めると形がきれいになります。

Cheese, Minced meat

menu.48

menu.49 エビフライのせカレー

材料（2〜3人分）

じゃがいも ……… 2個
にんじん ………… 1本
玉ねぎ ………… 1/2個
しめじ …………… 1房
ニンニク ………… 適量
ガラムマサラ …… 適量
カレールー2種類
　………… 各半パック
ごはん …………… 適量
エビフライ（市販のもの）
　………………… 4本
プチトマト ……… 6個

作り方

in 🏠
↓
out ⛺
↓

1. じゃがいもとにんじんは角切り、玉ねぎは細切りに。
2. 鍋に油をひきニンニクを炒め香りが出てきたら、1としめじを炒める。
3. 水を入れ煮込み、カレールーをそれぞれ半量ずつ入れて煮込む。
4. ガラムマサラを入れ、さらに煮る。
5. 残りのルーを入れ溶けたら、お皿にごはんとカレーを盛りエビフライとプチトマトをのせる。

menu.50 焼きそば

材料（2人分）

キャベツ ……… 1/4個
にんじん ……… 1/2本
玉ねぎ ………… 1/2個
ピーマン ……… 2個
豚バラ肉 ……… 250g
バター ………… 少々
焼きそば麺 ……… 2袋
焼きそばソース … 適量
鶏ガラスープの素
　………………… 大さじ1
塩こしょう ……… 少々
卵 ………………… 2個

作り方

in 🏠
↓
out ⛺
↓

1. キャベツは2センチ角ほどに、にんじんは薄切り、玉ねぎは細切り、ピーマンは輪切りにする。
2. 玉ねぎと豚肉を炒め塩こしょうをし、さらに残りの野菜を入れる。
3. 鶏ガラスープの素と麺と少量の水を入れ混ぜる。ソースとバターを絡め皿に盛り目玉焼きをのせる。

menu.51 桜エビとネギのしょうがごはん

材料（2〜3人分）
- 桜エビ ………… 30g
- 細ネギ ………… 適量
- しょうが … 薄切り3枚
- 米 ……………… 2合
- A だし（顆粒）……… 8g
- 薄口しょうゆ
  ………… 大さじ3
- みりん …… 大さじ2

作り方

1. しょうがはみじん切りにする。
2. 米を洗い、炊くのに必要な水とAを入れる。桜エビとしょうがを入れてご飯を炊く。
3. 炊き上がったら小口切りにしたネギを入れて少し蒸したら出来上がり。

POINT 手早く仕上げたい時の一品。しょうがはお好みで。たっぷりめのほうがおいしい。

menu.51

menu.52 うなぎごはん

材料（2〜3人分）
- うなぎのかば焼き
  ………………… 1尾
- うなぎのたれ …… 適量
- しその葉 ………… 5枚
- ミョウガ ………… 2本
- きゅうり ………… 1本
- ごはん …………… 適量
- 卵 ………………… 2個
- 塩 ………………… 少々

作り方

1. うなぎのかば焼きは1センチほどに切る。しその葉は丸めて端から細かく切る。ミョウガはみじん切り、きゅうりは細切りに。卵は塩を入れ混ぜ合わせ、錦糸卵を作る。
2. ごはんにうなぎのたれを入れ混ぜ合わせる。お皿に入れ、きゅうり、ミョウガ、うなぎ、錦糸卵、しその葉の順でのせる。

menu.52

EASY AND FASHIO- NABLE

朝ごはんや

ランチに

手軽でおしゃれな

"パン"レシピ

EASY AND FASHIONABLE
3

林間の爽やかな朝の空気と
森の音を感じながら食べる朝ごはん

こんがり焼いたマフィンの香りが、林間の朝の空気とマッチして、
高原のカフェに来たみたい。静かな森の音を聞きながら、
マフィンに好みのサラダをのせていただきます。

menu.55

EASY AND FASHIONABLE
3

あったかマフィンといろいろサラダで
体に優しくヘルシーな高原カフェ風に

menu.53　たまごとごぼうとポテトサラダのマフィン

menu.54　アボカドとエビのサラダ

menu.55　ジャーマンポテト

EASY AND FASHIONABLE
3

{ あったかマフィンといろいろサラダで
体に優しくヘルシーな高原カフェ風に

menu.53　たまごとごぼうとポテトサラダのマフィン
menu.54　アボカドとエビのサラダ
menu.55　ジャーマンポテト }

menu.53　たまごとごぼうとポテトサラダのマフィン

材料（2〜3人分）

- たまごサラダ（市販のもの）
- ごぼうサラダ（市販のもの）
- ポテトサラダ（市販のもの）
  …… 各 少量パック1つずつ
- サニーレタス ………… 2枚
- パセリ ……………… 2房
- マフィン …………… 2枚
- バター ……………… 適量

作り方

1. マフィンは2つに割り、フライパンで少し焼く。
2. バターを塗り、サニーレタスをちぎって置き、その上にたまごサラダ、ごぼうサラダ、ポテトサラダをのせる。
3. パセリ少量をちぎって細かくしたものをふりかけ、パセリ1房を飾る。

POINT カリッとパンを焼くとおいしさが倍増します。いろんな種類を少しずついただきましょう。

天気のいい日は風の音を聞きながら、朝はゆっくり楽しんで

EASY AND FASHIONABLE 3

menu.54 アボカドとエビのサラダ

材料（2〜3人分）
- むきエビ……100g
- カット野菜……1袋
- プチトマト(赤と黄色)……適量
- 生ハム……10枚
- アボカド……1個
- マヨネーズ……適量
- パセリ……適量

作り方

1. エビは茹で、冷ましておく。アボカドは横半分のところに包丁を入れ、左右に回して種をとり、皮をむき一口サイズに切る。
2. レタスなどカット野菜を下に敷き、エビとアボカド、生ハム、トマトを盛る。仕上げにパセリをのせ、マヨネーズをかける。

POINT エビの背ワタをとり、縦半分に切り込みを入れると、形よく丸まります。

menu.55 ジャーマンポテト

材料（2〜3人分）
- ウインナー……130g
- ベーコン……35g
- じゃがいも……1個
- 塩こしょう……少々
- オリーブオイル……適量
- ニンニク……少々
- パセリ……適量

作り方

1. ウインナーは斜めに3等分に、ベーコンは細切り、じゃがいもはランダムに切る。

2. フライパンにオリーブオイルを入れ、みじん切りにしたニンニクと**1**を炒める。塩こしょうし、みじん切りにしたパセリをかける。

POINT パセリをみじん切りにしてちらすと彩りもよくなります。こげつかないよう素早く炒めて。

EASY AND FASHIONABLE
3

子どもだけじゃない
大人も食欲とキブンが上がる

普段はフルーツを食べない大人でも、なぜかテンションが上がるフルーツサンド。
ソトごはんは、意外に甘いメニューも人気です。子ども連れにもおすすめ。
即完食になるから、多めに作っても安心です。

menu.56

EASY AND FASHIONABLE
3

かなりの確率で即完食、大人もたくさん食べられる
テンション上がるフルーツメニュー

menu.56　フルーツサンド

menu.57　トマトとモッツァレラチーズのサラダ

menu.57

EASY AND FASHIONABLE
3

{ かなりの確率で即完食、大人もたくさん食べられる
テンション上がるフルーツメニュー

menu.56　フルーツサンド
menu.57　トマトとモッツァレラチーズのサラダ }

menu.56 フルーツサンド

材料（2〜3人分）
サンドイッチ用パン
……………………16枚
いちご……………適量
キウイ……………1個
バナナ……………適量
生クリーム（チューブ）
……………………適量
ミントの葉………適量
※フルーツはお好みで分量を調整してください

作り方

in 🏠
1. いちごとキウイは食べやすい大きさにスライスする。

out ⛺
2. 変色しやすいバナナは現地でスライスする。1枚のパンに生クリームをたっぷり塗りフルーツを並べ、さらにもう1枚のパンをのせ2段にする。その上に生クリームつけてフルーツを並べる。上に彩りにもなるミントの葉をのせる。

POINT フルーツは好きなものを何でも挟んで。すぐにお皿が空になる子どもから大人まで人気メニュー。

缶詰みかんやパイナップルを使用してもおいしい

EASY AND FASHIONABLE 3

menu.57 トマトとモッツァレラチーズのサラダ

材料（4人分）
- トマト ……………… 1個
- モッツァレラチーズ ……………………… 適量
- バジルソース（市販のもの） ……………………… 適量
- ミントの葉 ………… 適量

作り方
1. トマトは輪切りに、モッツァレラチーズは薄切りにする。
2. トマトとモッツァレラチーズを交互になるようにお皿に盛り、バジルソースをかけミントの葉を飾る。

いろんなフルーツに目移りしちゃいます

EASY AND FASHIONABLE
3

menu.58 野菜たくさん わんぱくサンド

材料（2〜3人分）
- 玄米食パン……6枚
- トマト……2個
- フリルレタス……1パック
- きゅうり……1本
- スライスハム……6枚
- にんじん……1/2本
- スライスチーズ……6枚
- マヨネーズ……適量
- バター……適量

作り方
1. トマトは薄切り、きゅうりとにんじんは細いスティック状に切る。
2. 玄米パンにバターとマヨネーズを塗る。レタスをたっぷり入れ、**1**とハムとスライスチーズをバランスよく、彩りよく挟んでいく。
3. パンを半分に切り、キッチンペーパーで包んでぎゅーっと固定する。

POINT 豪快にぎゅうぎゅうに盛り付けて。ペーパーはテープで固定すると型くずれなく安定します。

木漏れ日のなか食事をして、水辺を散歩するのも気持ちがいいです

menu.58

Tomato, lettuce, Cucumber, Carrot

野菜をたくさん食べられるヘルシーメニュー。フルーツを添えてみて

menu.59

Egg, Milk, Sugar, Butter

パンがふわふわになるので軽く食べることができます。シュガーパウダーを多めに少し甘めがおいしいです

menu.59 フレンチトースト

材料（2〜3人分）
- 食パン……………4枚
- バター……………10g
- 卵…………………1個
- 牛乳………100〜120ml
- 砂糖……………大さじ1
- シュガーパウダー
  ……………………適量
- メープルシロップ‥適量
- バター……………適量

作り方
1. 卵、牛乳、砂糖を混ぜ合わせる。
2. 食パンを **1** にしばらく浸しておく。
3. フライパンにバターを溶かして **2** を入れ、弱火でじっくり焼き、裏返してさらにじっくり焼く。器に盛り最後にシュガーパウダーをかける。お好みで、メープルシロップやバターをつけて食べる。

POINT 器にスキレットを使うと、一気にカフェ風に。粉砂糖は必須です。

自然の中のカフェスタイルで、ほっこり気分に

EASY AND FASHIONABLE
3

menu.60 キャベツとベーコンのボリュームサンド

材料（2〜3人分）
- 6枚切り食パン……… 1斤
- オリーブオイル…… 適量
- キャベツ ………… 1/2個
- ベーコン ………… 100g
- 塩こしょう ……… 少々
- マヨネーズ ……… 適量
- バター …………… 少々

作り方

in

1. フライパンにオリーブオイルを入れ、みじん切りにしたキャベツを炒め塩こしょうする。
2. みじん切りにしたベーコンも加えさらに炒め、ボウルにうつし、やや冷めたらマヨネーズとからめる。

out

3. 食パンに焼き色をつけバターを塗り、具材をのせる。もう1枚のパンにもバターを塗り挟む。英字などの書かれたおしゃれなペーパーに挟みこんで出来上がり。

POINT 大量にキャベツを盛るとおいしいです。

季節を感じる場所で食べるソトごはんは格別です

menu.60

Cabbage, Bacon, Mayonnaise

キャベツとベーコンの具材はたっぷり挟んで。ベーコンの塩気とマヨネーズで味がしっかりしています。

EASY AND FASHIONABLE
3

menu.61 チーズとハムのクロワッサンサンド

材料（2〜3人分）
大きめのクロワッサン
………………………4個
きゅうり …………1/2本
グリーンサラダ(市販)
………………………1袋
スライスハム ………8枚
スライスチーズ …… 4枚
バター ………………適量

作り方
1. クロワッサンの真ん中に切り込みを入れ、バターを塗る。
2. きゅうりは斜めうす切りにする。グリーンサラダを下にしてハム、きゅうり、スライスチーズを挟み込む。

POINT クロワッサンは深く切り込みを入れすぎると割れやすいので気をつけましょう。

Cheese, Lettuce, Cucumber

menu.62 ツナと卵のホットサンド

材料（2〜3人分）

- 食パン …………… 4枚
- ツナ缶 …………… 1缶
- スライスハム ……… 6枚
- きゅうり ………… 1/2本
- バター …………… 適量
- 卵 ………………… 1個
- スライスチーズ …… 6枚
- マヨネーズ ………… 適量

作り方

1. ツナ缶は油をきってマヨネーズとあえる。きゅうりは斜めうす切りに。卵は炒り卵にしておく。
2. 食パンにバターを塗っておく。
3. 1枚の食パンに具材を順番にのせていき、もう1枚の食パンを上にかぶせる。
4. ホットサンドクッカーで両面を焼きあげ、半分に切ってお皿に盛る。

POINT ホットサンドはたくさん具材を入れることができます。あつあつで食べましょう。

Egg, Tuna, Cucumber, Ham

MY CAMPING STYLE
Bread

使える主食・パンスタイル

パンは片づけも少なく、ちょっと物足りないな…という時にもサッと出せて便利。手作りもよし、好みのパンを買っていくのもよし。持っていくと助かる食材です。

シナモンロール

材料（2〜3人分）
〈パン生地〉
A ｜ 強力粉 ………… 420g
　｜ 砂糖 ……… 大さじ4
　｜ 塩 ………… 小さじ1

ドライイースト
　　　………… 小さじ2

牛乳 ………… 220ml
卵 …………… 1個
バター ………… 80g

シナモン（粉）…… 適量
サラダ油 ………… 適量

作り方

1. ボウルにAを合わせふるい入れ、ドライイーストを混ぜる。牛乳、溶いた卵を入れた後、やわらかくしたバターを混ぜる。
2. 生地をまとめ、強力粉をふった台の上でたたきつけ10分こねる。耳たぶくらいになるように。
3. サラダ油を塗ったボウルに生地を入れ、ラップをする。冷蔵庫で発酵40〜50分。指に粉をつけて中央を押し、穴があまり戻らなければOK、冷蔵庫に入れる。

4. 当日クーラーボックスに入れ、現地で出して毛布などにくるみあたたかくし二次発酵。膨らんでいるかみながら時間をおく。
5. 膨らんだら一握りとり平らにしてシナモンの粉を入れ団子状に。
6. ダッチオーブンにクッキングシートを敷きまわりと真ん中に1つ置く。焚き火台におき下から加熱、上蓋にも炭をまんべんなく置く。匂いがしてきたら様子をみながらこげないように焼き上げる。

好きなものを挟んでみる

パンの種類によって多少の相性はありますが、好みのものを挟んで豪快に食べられるのがパンのいいところ。少しあたためるとまた違うおいしさになります。

フランスパンのサンド

材料（2〜3人分）
- 小さなフランスパン ……………… 1個
- フリルレタス …… 2枚
- トマト ………… 1/2個
- きゅうり ……… 1/2本
- チーズ ………… 2枚
- バター ………… 適量
- マヨネーズ …… 適量

作り方
1. トマトはスライスにし、きゅうりは斜めスライスにする。
2. フランスパンは、縦に2/3くらいまで切り込みを入れる。バターとマヨネーズを中に塗り、フリルレタスをフリルがはみ出てフリルがみえるように敷く。その上に、具材を挟んでいく。

POINT 見栄えがいいですが、食べる時は食べやすく一口サイズに切りましょう。

おかずに添えて、パンにつけて食べてみる

夕飯のおかずやスープにパンを添えて、おかずをつけて食べるのもおすすめです。小さく切って、おつまみにしたり、使い勝手は広がります。

つけパン

材料（2〜3人分）
- フランスパン … 適量
- ミネストローネ（市販） ……………… 2袋

作り方
1. ストウブミニにあたためた市販のミネストローネを入れ、斜めに切ったフランスパンにつけていただく。

POINT メニューが浮かばない時の一品にも。

part 4

HOW ABOUT A SWEET ONE?

キャンプでも

甘いものは外せない

事前の準備で華やかになる

"スイーツ"レシピ

menu.63 いちごのシフォンケーキ

材料（2〜3人分）
- 卵白 …………… 5個分
- 砂糖 …………… 120g
- 卵黄 …………… 3個分
- 牛乳 …………… 80ml
- サラダ油 ……… 60ml

- A 薄力粉 ……… 120g
  ベーキングパウダー
  ……………… 小さじ1/2

- 生クリーム(チューブ)
  ……………………… 適量
- いちご ………… 1パック

作り方

in 🏠

1. 卵白を泡立て、ツノが立つ程度になったら、砂糖（半量）を少しずつ加えて、さらに泡立てる。
2. 卵黄に残りの砂糖を入れ、白っぽくなるまで泡立てる。
3. **2** に牛乳を入れ、すばやく混ぜながらサラダ油を少しずつ入れる。さらにふるいにかけた **A** を入れ、粉っぽさがなくなるまで混ぜる。
4. **3** に **1** の1/3量程度を入れてよく混ぜる。残りの **1** も入れ、つぶさないように切るように混ぜる。
5. 型に **4** を入れ、トントンと数回たたき空気を抜く。160度のオーブンで45分焼く。
6. 焼き上がり後すぐに型をさかさまにして冷ます。冷めてから型とケーキの間にナイフを入れてケーキをはずす。

out ⛺

7. シフォンケーキに生クリームをたっぷり塗る。いちごは縦半分に切り交互に置く。

POINT 生クリームでデコレーションするだけで豪華に。ブルーベリーなどフルーツを変えてもOK。

menu.63

Egg, Milk, Strawberry, Fresh cream

お誕生日や記念日のときには、1つケーキがあると華やかに盛り上がります。フルーツは好みで

menu.64

Egg, Milk, Fresh cream

ケーキを巻くときは慎重に。食べたい分だけ切り分けられるのが嬉しい

menu.64 ロールケーキ

材料（2～3人分）

〈スポンジケーキ〉
- 薄力粉 …………… 90g
- 卵 ……………… 5個
- 砂糖 …………… 100g
- 牛乳 ………… 大さじ2
- バニラエッセンス
  ………………… 少々
- バター ………… 適量

〈ホイップクリーム〉
- 生クリーム …… 150ml
- 砂糖 …… 大さじ1 1/2
- バニラエッセンス、
- ブランデー … 各少々

シュガーパウダー ‥少々

作り方

1. オーブンの角皿の内側に薄くバターを塗って硫酸紙を敷く。
2. 卵白を泡立て、ツノが立つ程度になったら、砂糖（半量）を少しずつ加えて、さらに泡立てる。
3. 卵黄に残りの砂糖を入れ、白っぽくなるまで泡立てる。
4. 卵白と卵黄を合わせてバニラエッセンスを加え、泡立て器でなめらかになるまで混ぜ合わせる。
5. 4に薄力粉をふるいながら入れ、さっくりと混ぜ合わせる。牛乳は加熱せずに薄力粉のあとに加える。
6. 1に生地を流し入れ、数回トントンと空気を抜く。170度のオーブンで17分焼く。
7. 生クリームに砂糖を入れ、ふわふわになるまで混ぜる。バニラエッセンスとブランデーを入れる。
8. スポンジの粗熱がとれたら焼色のついた方を上にし、表面にクリームを塗って手前から巻く。

9. 当日シュガーパウダーをふりかけ、切り分ける。

HOW ABOUT A SWEET ONE?
4

menu.65 クルクルパンケーキ

材料

ホットケーキミックス
牛乳 ……………… 適量
卵 ………………… 適量
フルーツ りんごなど
………………… 各適量
※ホットケーキミックスの生地はお好みの量で

作り方

out

1. ホットケーキミックス、卵、牛乳で生地をお好みの量作る。
2. クルクル棒（鉄製の串）にフルーツをさし、ホットケーキミックスをつけて焚き火の火であぶる。膨らんできていい焼き加減になったら食べごろ。

POINT まんべんなくクルクルします。火には気をつけて。焚き火の時に行うと子供も楽しくできます。

Pancake, Milk, Egg

menu.65

HOW ABOUT A SWEET ONE?
4

menu.66 バナナのシフォンサンド

材料（2〜3人分）
- 卵白 ………………… 5個分
- 砂糖 ………………… 120g
- 卵黄 ………………… 3個分
- 牛乳 ………………… 80ml
- サラダ油 …………… 60ml
- A 薄力粉 …………… 120g
  ベーキングパウダー
  ………………… 小さじ1/2
- 生クリーム（チューブ）
  ……………………… 適量
- バナナ ……………… 1本
- ミントの葉 ………… 1/2袋
- ココアパウダー …… 少々

作り方

in 🏠
↓

1. シフォンケーキ（P.110）の **1〜6** と同様の作り方で、ケーキを作る。

out ⛺
↓

2. シフォンケーキを6等分にする。真ん中に切り込みを2/3くらいまで入れ、生クリームをたっぷり挟む。

3. バナナを5ミリくらいの輪切りにする。**2** の上に並べ、ココアパウダーをふりかけミントの葉をのせる。

POINT バランスよく等分しないと見栄えが悪いので慎重に。

Banana, Fresh cream

menu.67 チーズケーキ

材料（2～3人分）
- クリームチーズ（やわらかくしたもの） …… 200g
- バター（やわらかくしたもの） …… 30g
- 砂糖(a) …… 30g
- 卵黄 …… 3個分
- A 生クリーム …… 100ml
  - レモン汁 …… 20ml
  - ブランデー …… 大さじ1/2
- 卵白 …… 5個分
- 砂糖(b) …… 60g
- 薄力粉 …… 40g
- レーズン …… 適量

作り方
1. 丸型の底にバターを塗り硫酸紙を敷く。
2. クリームチーズとバターを、泡立て器でよく混ぜる。
3. 2に砂糖（a）を加えて混ぜ、卵黄を加えてさらに混ぜる。Aを加え混ぜる。
4. 卵白はツノが立つまで泡立てる。砂糖（b）を入れ、さらに泡立てる。
5. 3に薄力粉を入れ、粉がなくなるまで混ぜる。4の1/3量を入れて混ぜ合わせ、さらに残りを入れてさっくり混ぜる。
6. レーズンを下に入れ生地を型に入れる。オーブンを予熱し、190度で35分、150度で30分焼く。
7. 加熱後、スポンジの型の高さくらいまで沈んだら、型から出し、冷蔵庫で冷やす。

Cheese, Butter, Fresh cream

HOW ABOUT A SWEET ONE?
4

menu.68 抹茶の焼き菓子

材料（2〜3人分）

A 小麦粉 100g
　抹茶（粉末）........... 5g
　ベーキングパウダー
　　................ 3g

　砂糖 30g
　卵 1個
　オリーブオイル 10g

作り方

in 🏠

1. ボウルにAをふるいにかける。
2. 1に砂糖も混ぜる。
3. 卵を割り入れオリーブオイルを入れ、切るように混ぜ合わせる。ただし、混ぜ合わせすぎない。
4. クッキングシートの上に3の塊をのせ1.5センチくらいの厚みの長方形を作る。180度のオーブンで30分ほど焼く。

out ⛺ ↓

5. 現地で縦に切り、器に盛る。

POINT 見栄えよくフルーツを添えたり、シュガーパウダーをかけるのもオススメです。

Matcha, Sugar, Egg

menu.69 抹茶とホワイトチョコのパウンドケーキ

材料（2～3人分）

- バター ………………… 100g
- 砂糖 …………………… 80g
- 卵 ……………………… 2個
- 牛乳 …………………… 大さじ2
- スキムミルク ………… 大さじ2
- 抹茶（粉末） …………… 大さじ1
- 薄力粉 ………………… 100g
- ベーキングパウダー
  ………………………… 小さじ2/3
- ホワイトチョコ
  ………………………… 50g
- シュガーパウダー …… 少々

作り方

1. ボウルにバターを入れ、クリーム状にやわらかく練り、砂糖を2回に分けて入れ、さらにクリーム状になるまで混ぜる。
2. 卵を溶き少しずつ入れる。牛乳も少しずつ入れる。スキムミルクと抹茶を入れる。
3. ふるった薄力粉とベーキングパウダーを2回に分けて入れさくっと混ぜ、きざんだホワイトチョコをさらに混ぜる。
4. シートを敷いた型に流し、トントンと空気を抜く。170度のオーブンで約35分焼く。竹串を刺し何もついてこなければOK。シュガーパウダーをかける。

POINT 現地でおやつの時間になったら、ちょうどよいサイズに切り分けて、紅茶でいただくと合うかも。

Matcha, Milk, Chocolate, Butter

HOW ABOUT A SWEET ONE?
―――
4

menu.70 抹茶プリン

材料（2〜3人分）
抹茶プリンの素(市販)
　……………………1袋
生クリーム ……… 適量
水（プリンを作る用）
ミントの葉 ……… 適量
※ 水の量は使うプリンの素を参照してください

作り方
in
↓
out
1. グラスに抹茶プリンの素を使ってプリンを作り、冷蔵庫で冷やしておく。
2. 生クリームをつけミントの葉を添える。

POINT　ミントなどハーブ類を少し持っていくと、盛り付けのアクセントになります。

menu.71 サングリア

材料（2〜3人分）
キウイ ……………1/2個
りんご ……………1/4個
缶詰みかん ………190g
缶詰パイナップル
　…………………190g
ワイン ……………1/2本

作り方
out
↓
1. キウイは皮をむいて薄切りに、りんごとパイナップルは一口サイズに切る。
2. フルーツを全てビンに入れ、ワインを入れる。
3. みかんの缶詰の汁を少々入れる。

POINT　キウイの切り口をビンから見せておくとキレイに。お好みの果物を入れてもOK。

How to Camp

FASHIONABLE ✕ EASILY
"おしゃれで手際よい" キャンプをするために

そうはいっても、おしゃれに手際よくキャンプをすることはなかなか難しいと感じるかもしれません。どうしたら理想のスタイルに近づいていくか考え方をご紹介します。

どういう過ごし方をしたいか——経験を積みながら、イメージを具体化していく

step 1. ベテランの人にアドバイスをもらいながら、まずは一度体験してみる。

自分の好みのスタイルはどんなものか、手際がどのくらい必要なのかなど、頭で考えるだけでなく、まずは体験してみましょう。最初は、最低限のグッズを揃えるだけでよいと思います。

---

step 2. 何回か経験を積みながら、手際よく使えるお気に入りのグッズを探す。

ソトごはんでは、使うグッズの見た目のおしゃれさはもちろんですが、現地で手際よく扱えるかどうかも重要です。まずは手際のよさを重視して、何度か経験しながら、少しずつお気に入りを見つけましょう。自然の中での手際や段取りは、何度も経験しないとわからないところがあります。失敗もありますが、周りの人の意見も聞きながら、その失敗やアクシデント自体を楽しむとよいと思います。

---

step 3. 次第に自分の好きな過ごし方のスタイルを具体化していく。

おしゃれ系か、ワイルド系か、キャンプにもいろんなスタイルがあります。現地での過ごし方をイメージして自分の好みのスタイルがわかってきたら、使うグッズの統一感を意識してみるなど、工夫をしながら自分のスタイルを作っていきます。その工程も楽しみの1つです。

現実的にどこまでできるか考えてみる

グッズを集めるにはお金がかかったり、荷物が多くなると運ぶことができるか不安になったり…。荷物が多すぎて、思いのほかセッティングと片付けにとても時間がかかることも。一気に見た目の理想のスタイルに近づけることは目標にせず、現地でのグッズの使い勝手を確認しながら、あくまでも気長に楽しむスタンスがよいと思います。

How to Camp

FASHIONABLE ✕ EASILY
["おしゃれで手際よい" キャンプをするために]

marimari Q&Aコーナー

Q:1 まずは何を揃えればいいでしょうか

A まずはキャンプ用品専門店で話を聞いてみましょう。同じメーカーで初心者向けのキッチンツールのセットなども売っていますので、最初はそういったものを揃えると便利です。段々と、自分の好きなアイテムを追加していくといいと思います。

Q:2 情報はどうやって集めていますか

A SNSで、自分に合ったスタイルの人にコメントをしてみます。私はインスタグラムをやっていますが、気になる人にはコメント欄で質問をして情報を得ています。SNSでは他の人が実践している小さなヒントがたくさん見つかります。自分も情報発信をしながら、他の人からも刺激を受けています。

Q:3 女性だけでキャンプをするときに、気をつけることはありますか

A 女性だけでキャンプをするときは、まずは荷物を自分で扱えるかの点検が必要です。持ち運びできないほどの大きな荷物は最初からおいていきましょう。それ以外は、女性だけでも全く問題はありません。最近はキャンプ場での女子会なども増えています。

Q:4 グッズはどこで揃えていますか

A キャンプ用品の専門店だけでなく、普段よく行くような雑貨屋さんでも、これはキャンプに使えるかなーと思いながら常に見ています。意外なものがキャンプのスタイリングに使えることも。一気にグッズを揃えようとせず、現在進行形でいつもアンテナを張ることが大切です。

How to Camp

FASHIONABLE ✕ EASILY
["おしゃれで手際よい" キャンプをするために]

Q:5 料理が上手くないとダメでしょうか

A 最初は手際よくできずに、とてもバタバタして失敗も多くなります。回数を重ねていくと、段取りにも慣れてきて、料理の腕も上がってきます。また、レパートリーが増えるので自信がついてきます。家で料理を作るより、メニューや盛り付けを工夫するので、料理の腕は上がると思います。

Q:6 キャンプをしていてよかったことは何ですか？

A 何よりも自然の中で癒されて、ストレス発散になります。キャンプを通して知り合った仲間がとても増えたことも宝物です。

主な素材別さくいん

主な素材についてピックアップしてみました。詳細は各レシピページをご覧ください

牛肉	
ビーフシチュー	46
チャプチェ	53
ビビンパ	82
肉ごはん	84

豚肉	
豚しゃぶ野菜巻き	29
豚もやしのごま味噌炒め	47
ニラたっぷりの赤から鍋	58
豚こましょうが焼きサラダ	59
豚汁	72
焼きそば	86

鶏肉	
鶏肉の香草焼き	37
タンドリーチキン	45
ゆで鶏と彩りサラダのごまポン酢がけ	50

ひき肉	
ミートローフ	24
玉ねぎとひき肉のドリア	42
鶏団子と水菜の塩ちゃんこ	52
肉だんごスープ	64
目玉焼きのせ ガパオライス	77
ライスコロッケ	85

猪肉	
タークのフライパンで猪肉	62

スペアリブ	
タークのフライパンでスペアリブ	62

ハム	
カイワレ生ハム巻き	28
生ハムの前菜	33
ほうれん草とハムのキッシュ	41
生ハムと水菜サラダ	60
生ハムとアボカドとモッツァレラチーズ	61
チーズとハムのクロワッサンサンド	104

ローストビーフ	
ローストビーフのサラダ	55
ローストビーフ丼	78

マグロ	
海鮮丼	74
手巻き寿司	80

エビ	
生春巻き	28
ブロッコリーとエビのアヒージョ	38
エビのガーリックバター炒め	48
エビフライのせカレー	86
アボカドとエビのサラダ	93

その他海鮮	
サーモンのカルパッチョ	60
シラスとアボカド丼	83
桜エビとネギのしょうがごはん	87
うなぎごはん	87

卵	
ミートローフ	24
お鍋のだしを使った雑炊	81
たまごとごぼうとポテトサラダのマフィン	92
フレンチトースト	101
ツナと卵のホットサンド	105

チーズ	フランスパンのキッシュ ……… 32		コーン	バターコーン ………………………… 38
	薪ストーブでピザ ………………… 39		こんにゃく	粕汁 …………………………………… 61
	トマトとベーコンのドリア … 49			味噌田楽 ……………………………… 73
	生ハムとアボカドと		にんじん	豚しゃぶ野菜巻き ……………… 29
	モッツァレラチーズ ……………… 61			豚汁 …………………………………… 72
	トマトとモッツァレラチーズの			野菜たくさん わんぱくサンド
	サラダ ………………………………… 97			………………………………………… 98
	チーズケーキ …………………… 116			
じゃがいも	マッシュポテトとトマトソース		ブロッコリー	ブロッコリーとエビのアヒージョ
	の2層仕立て ……………………… 29			……………………………………… 38
	ビーフシチュー ………………… 46			ローストビーフのサラダ ……… 55
	ポテトサラダのクリスマスツリー		アボカド	シラスとアボカド丼 …………… 83
	…………………………………………… 56			アボカドとエビのサラダ ……… 93
	ジャーマンポテト ……………… 93			
トマト	ミネストローネ ………………… 43		ベーコン	薪ストーブでピザ ……………… 39
	トマトとベーコンのドリア … 49			トマトとベーコンのドリア … 49
	ラタトゥイユ ……………………… 51			キャベツとベーコンの
	コブサラダ ………………………… 54			ボリュームサンド ……………… 102
	トマトとモッツァレラチーズの		ウインナー	ジャーマンポテト ……………… 93
	サラダ ………………………………… 97			
アスパラガス	バーニャカウダ ………………… 36		フルーツ	スイカのフルーツポンチ …… 25
				フルーツサンド ………………… 96
レタス	野菜たくさん わんぱくサンド			いちごのシフォンケーキ …… 110
	……………………………………… 98			バナナのシフォンサンド …… 115
				サングリア ……………………… 119
大根	粕汁 …………………………………… 61		ホットケーキ	パンケーキ ヨーグルトがけ … 33
	豚汁 …………………………………… 72		ミックス	クルクルパンケーキ …………114
キャベツ	ミネストローネ ………………… 43		生クリーム	いちごのシフォンケーキ …… 110
	焼きそば ……………………………… 86			ロールケーキ …………………… 113
	キャベツとベーコンの			バナナのシフォンサンド …… 115
	ボリュームサンド ……………… 102			
春雨	春雨キムチサラダ ……………… 44		ヨーグルト	パンケーキ ヨーグルトがけ … 33

松尾真里子（まつお　まりこ）

キャンプ歴3年。年中キャンプに夢中です。1年を通して大自然の中、四季を感じながらキャンプをしています。最高のロケーションで移動式別荘兼cafeを作りあげ自然を堪能。キャンプで知り合った各地の仲間達とワイワイ楽しくソトごはんを満喫しています。ソトで食べるお洒落な料理は至福のひとときです。この幸せを多くの方々にあじわっていただきたいです。
インスタグラム　@marimari8208

著者　　　　松尾真里子
装丁・デザイン　BABU
編集　　　　サントラップ

アウトドアをもっと楽しむ
おしゃれソトごはん

2017年4月15日　　初版第一刷発行

発行者　　永田勝治
発行所　　株式会社オーバーラップ
　　　　　〒150-0013　東京都渋谷区恵比寿1-23-13
印刷・製本　大日本印刷株式会社

©2017 Mariko Matsuo / OVERLAP
2017 Printed in Japan
ISBN978-4-86554-207-3 C0077

＊本書の内容を無断で複製・複写・放送・データ配信などをすることは、固くお断りいたします。
＊乱丁本・落丁本はお取替えいたします。下記カスタマーサポートセンターまでご連絡ください。
＊定価はカバーに表示してあります。

【オーバーラップ　カスタマーサポート】
電話　03-6219-0850
受付時間　10:00 ～ 18:00（土日祝日をのぞく）
http://over-lap.co.jp/lifestyle/

PC、スマホから
WEBアンケートに
ご協力ください

●サイトへのアクセスの際に発生する通信費等はご負担ください。
http://over-lap.co.jp/865542073